大展好書　好書大展
品嘗好書　冠群可期

迷蹤拳系列；2

迷蹤拳（二）
＋VCD

李玉川　劉俊琦　編著

大展出版社有限公司

　　迷蹤拳以歷史悠久、內容豐富、實用性強等獨特的風格特點成爲中國傳統武術寶庫中的一顆明珠，又因近代大俠霍元甲用其技藝屢勝洋武士而使迷蹤拳名揚海內外。

　　青縣稱得上是迷蹤拳之鄉，歷史上習練迷蹤拳者眾多，且名人輩出。爲弘揚這一寶貴文化遺產，根據國家有關部門的要求，我們系統、全面地對迷蹤拳進行了整理，並分冊出版。

　　本冊書整理撰寫的是迷蹤拳徒手對練套路。這次整理出版的三套徒手對練套路去掉了原套路中技擊意義相同的部分重複動作和走式，增添了一些新的內容，使迷蹤拳徒手對練套路的傳統風味體現得更充分。

　　書中的拳術動作是由本書的兩位編著者共同整理演練的。成稿時，第一章和第二章第一節、第二節由李玉川編寫，第二章第三節由劉俊琦編寫，全書由李玉川統審定稿。

　　梁金成、梁金橋二位迷蹤拳老拳師對書中「八折」「近拳」的整理給予了幫助，特在此表示感謝！

編著者

目　　錄

迷蹤拳
徒手對練套路簡介

第一節　徒手對練的意義和內容

　　徒手對練，在迷蹤拳中佔有重要位置。從拳術內容組成上看，徒手對練套路佔整個徒手拳術套路近二分之一的比重。從習拳過程和程序上看，初習者首先要習練基礎套路和徒手單練套路，只有基礎套路和徒手單練套路有了一定的功夫，才能進行徒手對練套路，當徒手對練套路相當熟悉後，再進行散手練習。

　　由此可見，徒手對練是徒手單練過渡到技擊實戰的有效途徑和方法。歷史上，迷蹤拳名師均精於對練，並把對練看做是「貼身近打」之秘功，非入室弟子練功達一定火候不予傳授。青縣迷蹤拳五世宗師劉寶祥和張金堂在進行「八折」和「近拳」對練時，竟達到了雖有招式遵循但卻無招式限制的「自由化」程度。

　　迷蹤拳徒手對練的內容很豐富，套路較多，其代表套路主要有「八折」「近拳」和「三十六擒拿手」。在迷蹤拳中把徒手對練看成是拳術習練的高級形式。

　　這種高級習練形式就是把單練套路中的招式作為技擊實戰攻防動作來演練，把拳術中的身法、腿法、拳法透過對練攻防的形式進一步加深理解和運用，從而使拳法招式貼近實戰乃至實戰化。

第二節　徒手對練套路的特點

　　迷蹤拳所有的徒手對練套路，從總體上講，均嚴格地遵循迷蹤拳的拳法訣理和心意為本、全身為法、虛實變化、攻守合一、攻守要害等技擊原則，明顯地展現迷蹤拳身法靈活、腿法多變、手法敏捷、上下齊發、手腳並用等特點。在遵循這些原則的前提下，具體到每一個套路又側重體現某一方面的習練和技擊特點。

　　「八折」是迷蹤拳對練的基礎套路，其基本的攻防特點是直攻猛進、硬開硬攔比較多，每一折主要運用一種拳法、腿法、肘法或膝法，突出體現迷蹤拳快速有力、隱進猝擊、凶猛狠毒的技擊風格。

　　「近拳」是迷蹤拳徒手對練的精華套路，拳法招式特點與「八折」有不少區別。近拳展現的招式主要是柔化、靈巧，每一段的攻防招式都是拳、腳、肘、膝的混合運用，重點體現迷蹤拳剛柔並濟、虛實變化、借力打力的技擊特點。

　　迷蹤拳的擒拿之術內容相當豐富，技藝很高超，從「三十六擒拿手」中可見一斑。「三十六擒拿手」以體現運用巧力為核心，攻勢凌厲凶狠，招招指要害，破式靈變巧妙，動作細膩緊湊，較好地反映了迷蹤拳擒拿藝搌、壓、擰、纏、甩、別、搬、托、卷、切、抱、鎖、扛、提等技法。

第三節　徒手對練套路應注意的幾個問題

　　進行迷蹤拳徒手對練，是為了培養技擊實戰的大無畏精神，增強敢打必勝的勇氣、膽量和信心，熟練掌握拳法技術要領，使拳術招式逐步適應實戰之需要。圍繞這個目的，在進行迷蹤拳徒手對練時應掌握好以下三個字：

　　一是「**真**」

　　練拳要有真實感，這是迷蹤拳習練的重要特點，在徒手對練中更應很好地體現。

　　首先是意念要真，從思想上、心理上不能把對練當做是演練，不能把對方看成是練友；而應把對方看成是「敵人」，把演練當成是實戰。這樣，對練就有了真實的思想基礎。其次是攻防動作要真，一招一式、踢腿擊拳、舉手投足都要真「殺」實「砍」，攻者真攻，防者實防，毫不留情。真練久之，自然成真。

　　二是「**活**」

　　活的具體要求是活學活練、活練活用。

　　徒手套路對練雖然較之套路單練接近了實戰一步，但是，它畢竟還是按照預先編排好的攻防招式來練習，還要受一定招式的限制。活練，就是把有招式限制的習練，向無招式限制的習練過渡，逐步擺脫招式的限制，達到自由搏擊的程度。

三是「**合**」

這裡講的合有兩層含義：

一是指在開始進行徒手對練時，甲乙雙方從距離、節奏等各方面要配合好，以便使對練日漸熟練，逐漸功深。

二是指在日漸精熟的基礎上逐步做到「合練」。這個時候的合練是在真練、活練、逐漸功深的過程中自然形成的，達到了無招式的限制，隨心所欲、自然而然、運用自如的程度。達此合練之境界，需要進行長期的習練和勤研，這也是迷蹤拳的真諦所在。

迷蹤拳
徒手對練套路

第一節　八折

動作名稱

預備勢

第一折

1. 白猿倒掛
2. 單峰貫耳
3. 霸王靠錘（右）
4. 霸王靠錘（左）
5. 仙童踢腿（右）
6. 探臂摘果（右）
7. 仙童踢腿（左）
8. 探臂摘果（左）

第二折

9. 猛士捋打
10. 霸王摘盔
11. 金剛插肋（左）
12. 金剛插肋（右）
13. 驚馬踏蹄
14. 猛虎推山
15. 鳳凰展翅

16. 馬步撐掌
17. 靈猿掃腿

第三折

18. 惡豹翻身
19. 怪獸出洞（右）
20. 怪獸出洞（左）
21. 金雞食米
22. 蒼鷹蹬腿
23. 野馬翻蹄
24. 鷂子翻身

第四折

25. 小人踹腿
26. 判官搓面
27. 青龍撩爪
28. 猴子抓桃
29. 鯉魚托腮
30. 樵夫削柴
31. 黑熊撲心

動作圖解

預備勢

　　甲乙雙方同一方向併步站立，兩手成掌自然下貼兩大腿外側。左右間隔約一步。目視前方（圖1）。

第一折

1.白猿倒掛

　　甲方：右腳向前邁一步落地，右腿屈膝，左腿伸直。左掌變爪，臂內旋向上反抓乙方胸部，上身微左轉。目隨左爪（圖2）。

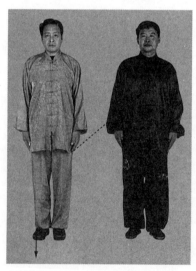
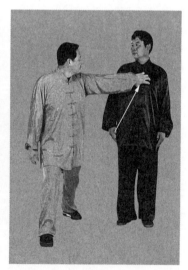

圖1　　　　　　　　　圖2

乙方：右腳後退一步，身體左轉，雙腿左屈右直成左弓步。右掌屈肘向上挑架甲方左掌腕至頭前上方，掌心斜朝前上。目視甲方（圖3）。

圖3

2.單峰貫耳

甲方：右掌變拳，直臂向上、向左用拳眼貫擊乙方左耳根部，拳背朝上；左掌變拳屈肘收抱至左腰間，拳心朝上。身體隨即左轉，左腿屈膝，右腿蹬直。目視乙方頭部（圖4）。

圖4

乙方：步型不變。左掌變拳，屈肘向上、向左格架甲方右拳腕，右掌變拳屈肘收抱至右腰間，兩拳心均朝上。目隨左拳（圖5）。

圖5

3.霸王靠錘（右）

①乙方：右拳向上、向前直擊甲方胸部，拳心朝下；左拳屈肘收抱至左腰間，拳心朝上。上身微左轉，步型不變。目視甲方（圖6）。

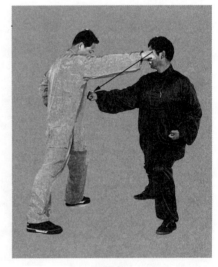

圖6

甲方：步型不變。上身微左轉，右拳向左、向下、向右磕掛乙方右前臂，拳心朝右。目視乙方（圖7）。

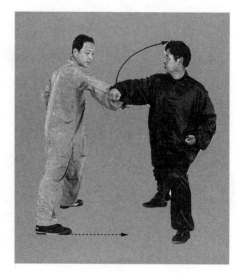

圖7

②甲方：右腳向前邁一步落地，腿即屈膝，左腿伸直。右拳外旋向上、向前直臂用拳背反砸乙方頭部，拳心朝上。目視乙方頭部（圖8）。

圖8

乙方：左腳向後退一大步落地，右腳向後滑半步，雙腿右屈左直成右弓步。同時右拳向上至頭前上方架靠甲方右前臂，拳心朝上。目隨右拳（圖9）。

圖9

4.霸王靠錘（左）

①甲方：左腳向前邁一步落地，腿即屈膝，右腿伸直，雙腿成左弓步。隨左腳前上步，左拳向前直擊乙方右肋，拳眼朝上；右拳屈肘收抱至右腰間，拳心朝上。目隨左拳（圖10）。

圖10

乙方：右腳向後退一步落地，雙腿左屈右直成左弓步。左拳向前、向左磕掛甲方左前臂，右拳屈肘收至右腰間，兩拳心均朝上。目視甲方左臂（圖11）。

圖11

②甲方：步型和右拳動作不變。左拳臂外旋向上、向前直臂用拳背反砸乙方頭部，拳心朝上。目視乙方頭部（圖12）。

圖12

乙方：用左拳向
上至頭前上方迎架甲
方左拳腕，拳心朝
上。步型和右拳動作
不變。目視甲方左拳
（圖13）。

圖13

5.仙童踢腿（右）

甲方：左拳變掌
臂內旋向左、向下捋
掛乙方左前臂後仍變
拳屈肘收抱至左腰
間，拳心朝上。右腳
從身後向前猛力彈踢
乙方小腹部，腿伸
直，力達腳尖，左腿
站直。目視乙方（圖
14）。

圖14

乙方：左腳後退一步落地，雙腿屈膝，右腳前掌著地成右虛步。與左腳後退同時，雙拳變掌，擺向身前拍擊乙方右腳背。目視甲方右腳（圖15）。

圖15

6.探臂摘果（右）

乙方：右腳向前滑半步，雙腿右屈左直成右弓步。右掌變爪，向上、向前直臂探抓甲方頭頂部，爪背朝上；左掌屈肘收抱至左腰間，掌心朝上。目視甲方頭部（圖16）。

圖16

甲方：右腳落地，
腿即屈膝，左腿伸直。
右拳向左、向上至頭前
上方迎架乙方右前臂，
拳心朝下。目隨右拳
（圖17）。

圖17

7.仙童踢腿（左）

甲方：右拳變掌，
臂內旋向上、向右、向
下纏捋乙方右前臂後仍
變拳屈肘收抱至右腰
間，拳心朝上。左腳由
身後向前猛力彈踢乙方
小腹部，腿伸直，力達
腳尖，右腿站直。目視
乙方（圖18）。

圖18

乙方：右腳後退一步，雙腿屈膝，左腳腳尖著地成左虛步。右拳變掌，雙掌伸至身前拍擊甲方左腳面。目視甲方左腳（圖19）。

圖19

8.探臂摘果（左）

乙方：左腳前滑半步，雙腿左屈右直成左弓步。左掌變爪，向前、向上直臂探抓甲方頭頂部，爪背朝上，右掌擺至身後。目視甲方頭部（圖20）。

圖20

甲方：左腳落地，腿即屈膝，右腿伸直，雙腿成左弓步。左拳向上至頭前上方迎架乙方左前臂。目隨左拳（圖21）。

圖21

第二折

9.猛士捋打

①乙方：左爪變掌，向左、向下捋住甲方左前臂；右掌從身後向上、向前、向下弧形劈擊甲方頭部，掌心朝左。同時，右腳向前上一步，身體左轉，雙腿右屈左直成右弓步。目視甲方頭部（圖22）。

圖22

甲方：頭急速後仰。右拳變掌，向上、向左、向右、向下抄捋纏擰乙方前臂。目視乙方頭部（圖23）。

圖23

②甲方身體右轉，乙方身體左轉，甲乙雙方雙腿均由弓步變馬步。互視對方頭部（圖24）。

圖24

10.霸王摘盔

乙方：右掌變拳，臂外旋回拉抽脫甲方右掌抓捋後，向右、向前、向左用拳眼掃打甲方後腦，拳心朝下，步型不變。目視甲方頭部（圖25）。

圖 25

甲方：左掌變拳，臂外旋回拉抽脫乙方左掌抓捋後向左、向上架擊乙方右前臂，步型不變，頭左轉，目隨左拳（圖26）。

圖 26

11.金剛插肋（左）

①甲方：上動不停，右掌變拳向前直擊乙胸部，拳心朝下；左拳屈肘收抱至左腰間，拳心朝上。上身左轉，步型不變。目視乙方（圖27）。

圖27

乙方：右拳向左、向上挑架甲方右前臂，拳心朝下。步型不變，上身微右轉。目視甲方（圖28）。

圖28

②乙方：左腳向前邁一步落地，雙腿左屈右直成左弓步。與左腳上步同時，左掌用掌指向前插擊甲方右肋，掌心朝右；右拳變掌屈肘收抱至右腰間，掌心朝左。目隨左掌（圖29）。

圖29

甲方：左腳向後退一步落地，右腿屈膝，左腿蹬直。隨左腳後退，右拳向後、向右磕掛乙方左掌腕，拳面朝下，拳心朝後。目隨右拳（圖30）。

圖30

12.金剛插肋（右）

乙方：右腳向前邁一步落地，腿即屈膝，左腿蹬直。同時，右掌用掌指向前插擊甲方左肋，左掌屈肘拉回至左腰間，右掌心朝左，左掌心朝右。目隨右掌（圖31）。

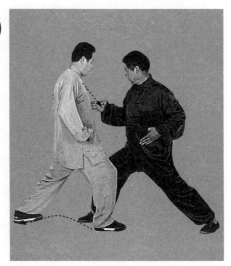

圖31

甲方：右腳向後退一步落地，雙腿左腿屈膝，右腿伸直成左弓步。同時左拳向上、向下、向左、向後磕掛乙方右掌腕，拳面朝下，拳心朝後，右拳擺於身後。目視乙方右掌（圖32）。

圖32

13.驚馬踏蹄

①甲方：步型不
變。上身微左轉，右
拳向上、向前、向下
劈砸乙方頭部，拳眼
朝上，左拳擺於身體
左後方。目視乙方頭
部（圖33）。

圖33

乙方：雙掌向上
至頭前上方迎架甲方
右拳腕，掌心朝前。
步型不變。目隨雙掌
（圖34）。

圖34

②乙方：左腳由
身後向前橫腳用腳掌
蹉踹甲方左小腿，腳
掌朝前，腳尖斜朝左
上，右腿站直。雙掌
下落身前。目視甲方
（圖35）。

圖 35

甲方：左腿提
起，左腳向後退一步
躲過乙方左腳的蹉
踹，雙腿右屈左直成
右弓步。雙拳動作不
變。目視乙方左腳
（圖36）。

圖 36

14.猛虎推山

乙方：左腳落地，腿即屈膝，右腿蹬直。同時，右掌屈腕成立掌向前猛力推擊甲方胸部，掌指朝上；左拳屈肘收至左腰間，掌心朝上。目隨右掌（圖37）。

圖37

甲方：步型不變。雙拳變掌，左掌由身後向前、向上挑架乙方右掌腕，右掌下落至右腰間，左掌心朝前，右掌心朝上。目視乙方右掌（圖38）。

圖38

15.鳳凰展翅

乙方：左掌由腰間向上、向右挎磕甲方左掌腕後，用掌背向前反摑甲左臉部，掌心斜朝後；右掌屈肘拉回至右腰間，掌心朝上。步型不變。目視甲方頭部（圖39）。

圖 39

甲方：右掌由腰間向上、向左至左臉前用掌心迎擊乙方左掌背，左掌向下落至左腰間，右掌心朝後，左掌心朝上。目隨右掌（圖40）。

圖 40

16.馬步撐掌

乙方：右腳向前邁一步落地，身體左轉，雙腿屈膝成馬步。伴隨轉身上步，右掌用掌下沿向前猛力撐擊甲方左小腹，左掌屈肘下落抱至左腰間，雙掌心均朝下。目視甲方（圖41）。

圖41

甲方：右腳向後退一步落地，身體右轉，雙腿屈膝成馬步。與此同時，左掌向下、向左斬擊乙方右掌腕，掌指朝下；右掌下落屈肘抱至右腰間，掌心朝上。目視乙方右掌（圖42）。

17.靈猿掃腿

①乙方：右腿屈膝全蹲，左腿平鋪伸直成左仆步。上身前伏，雙掌向下按地。以右腳前腳掌為軸，左腳全腳掌接近地面向左掃270°。目視甲方（圖43）。

圖42

甲方：身體向左後轉，同時雙腳蹬地向前上方跳起，躲過乙方左腿掃擊。雙掌擺至身前。目視乙方（圖44）。

②甲方：右腳落地，左腳屈膝至身前，雙腿成右獨立步。右掌變拳，向前、向下用拳背

圖43

反砸乙方頭部，拳心朝上；左掌收至左腰間，掌心朝上。上身向右傾移。目視乙方頭部（圖45）。

圖44

圖45

乙方：身起，雙腿左屈右直成左弓步。右掌向上迎架甲方右前臂，左掌收抱至左腰間，雙掌心均朝上。目視甲方右拳（圖46）。

圖46

第三折

18.惡豹翻身

甲方：身體向左後翻轉，左腳向前落步，雙腿左屈右直成左弓步。與轉身落步同時，左掌向上、向前劈砸乙方頭部，右掌向下屈膝落至右腰間，左掌心朝右，右拳心朝上。目視乙方頭部（圖47）。

圖47

乙方：左掌臂內旋向上至頭前上方迎架甲方左掌腕，掌心朝上；右掌向下、向後擺落至身體右後方，掌心朝下。同時，左腳向後退一步落地，雙腿右屈左直成右弓步。目隨左掌（圖48）。

圖48

19.怪獸出洞（右）

甲方：右腳向前邁一步落地，腿即屈膝，左腿蹬直。隨右腳上步，右拳向前、向上用拳面擊打乙方下頜，肘微屈，拳心朝後；左掌變拳向後、向下落至身體左後方，拳心朝下。目視乙方頭部（圖49）。

圖49

乙方：雙掌變拳，左拳臂外旋下落額前向右挎攔甲方右拳腕，拳面朝上，拳心朝後，右拳仍至身後。同時，右腳向後退一步，雙腿左屈右直成左弓步，上身微右轉。目視甲方右拳（圖50）。

圖50

20.怪獸出洞（左）

甲方：左拳由身後向前、向上用拳面擊打乙方下頜，右拳向下、向後擺落至身體右後方，左拳心朝後，右拳心朝下。與左拳向前擊打同時，左腳向前邁一步落地，雙腿左屈右直成左弓步。目視乙方頭部（圖51）。

圖51

乙方：左腳向後
退一步落地，雙腿右
腿屈膝、左腿伸直成
右弓步。右拳臂外旋
由身後向前、向上至
額前向左挎攔甲方左
拳腕，左拳向下、向
後擺落至身體左後
方，右拳心朝後，左
拳心朝下。目視甲方
左拳（圖52）。

圖52

21.金雞食米

①甲方：右腳向
前邁一步落地，左腳
隨之向前滑半步，雙
腿屈膝成左跪膝步。
伴隨右腳向前邁步，
右拳從身後向前猛力
直擊乙方腹部，左拳
向下落至左腰間，兩
拳眼均朝上。目視乙
方（圖53）。

圖53

乙方：左拳變勾手，從身後向前、向上、向下、向左勾掛甲方右拳腕，右拳向下屈肘抱至右腰間，左勾尖朝下，右拳心朝上。同時右腳向後退一步，雙腿左屈右直成左弓步。目視甲方右拳（圖54）。

圖54

②甲方：步型不變。左拳向前直擊乙方腹部，拳眼朝上；右拳屈肘拉回至右腰間，拳眼朝上。目隨左拳（圖55）。

圖55

乙方：右拳變勾
手，向前、向下、向
右勾掛甲方左拳腕，
勾尖朝下；左勾手收
抱至左腰間，勾尖朝
下。步型不變。目視
甲方左拳（圖56）。

圖56

22.蒼鷹蹬腿

甲方：身起。左
腳由身後向前蹬踹乙
方小腹，腳尖朝上，
力在腳跟，右腿站
直。左拳屈肘拉回至
左腰間，拳眼朝上。
目視乙方（圖57）。

圖57

乙方：右腳向後退一步落地，左腳隨之後滑一步，身體右轉，雙腿屈膝，左腳尖著地成左丁步。左勾手向前、向左勾掛甲方左腳脖，右勾手至身體右側。目視甲方（圖58）。

圖58

23.野馬翻蹄

甲方：左腳落地，腳尖右扣，身體向右後轉，右腳直腿向後撩踢，力在前腳掌。雙拳變掌，右掌隨腿直臂向後甩撩，左掌直臂向前甩撩，右掌心朝左，左掌心朝右。上身前伏。目視右腳（圖59）。

圖59

圖60

乙方：身體向左後轉，左腳向左跨步，右腳隨左滑靠攏左腳，雙腿屈膝，右腳尖著地成右丁步。右勾手向下、向右勾掛甲方腳脖，左勾手至身體左側。目視甲方右腳（圖60）。

24.鷂子翻身

①甲方：右腳落地，身體向右後轉，雙腿右屈左直成右弓步。雙掌變拳，隨轉身右拳向左、向上、向前、向下劈砸，左拳擺至身體左後方，右拳眼朝上，左拳背朝上。目視乙方頭部（圖61）。

圖61

乙方：雙勾手變掌，右掌向上至頭前上方迎架甲方右拳腕，左掌屈肘收抱至左腰間，掌心均朝上。與此同時，身體右轉，左腳向後退一步落地，雙腿右屈左直成右弓步。目視甲方右拳（圖62）。

圖62

②甲方：左拳從身後向上、向前、向下劈砸乙方頭部，右拳向下、向後落至右腰間，左拳眼朝上，右拳心朝上。左腳同時向前邁一步落地，雙腿左腿屈膝右腿伸直成左弓步。目視乙方頭部（圖63）。

圖63

乙方：右腳向後退一步落地，雙腿左屈右直成左弓步。左掌臂內旋向上至頭前上方迎架甲方左前臂，右掌向下、向後屈肘抱至右腰間，雙掌心均朝上。目隨左掌（圖64）。

圖64

第四折

25.小人踹腿

乙方：雙掌動作不變。右腳橫腳用腳掌向前踹擊甲方左小腿迎面骨，腳尖斜朝右上，左腿微屈膝。目視甲方（圖65）。

圖65

甲方：左腳後退一步躲過乙方右腳的踹擊，雙腿右腿屈膝左腿伸直成右弓步。左拳隨左腳後退擺至身體左後方。目視乙方右腳（圖66）。

圖66

26.判官搓面

乙方：右腳向前落步，左腳隨之前滑半步，右腿屈膝，左腿伸直。與右腳前落步同時，右掌臂內旋屈腕成立掌向上、向前搓擊甲方臉部，左掌向後、向下屈肘抱至左腰間，右掌指朝上，左掌心朝上。目視甲方頭部（圖67）。

圖67

甲方：左拳由身後向身前、向上至臉前迎架乙右掌腕，拳心朝上。同時，右腳後退一步，腿即屈膝，左腿蹬直。目視乙方（圖68）。

圖68

27.青龍撩爪

乙方：身體左轉，左腳從右腳後向右邁一步落地，雙腿屈膝成偷步。雙掌變爪，隨著轉身邁步，右爪向下、向右撩抓甲方襠部，左爪屈肘橫於頭前方。頭右後轉，目視甲方（圖69）。

圖69

甲方：左腳後退一步落地，身體左轉，雙腿屈膝成馬步。右拳向前撥攔乙方後前臂，拳面朝下；左拳向下、向後屈肘收抱至左腰間，拳心朝上。目視乙方右爪（圖70）。

圖70

28.猴子抓桃

乙方：雙腳以前腳掌為軸碾地，身體左後轉，雙腿左屈右直成左弓步。左爪隨轉身向前探抓甲方面部，右爪擺至身體右後方，左爪背朝後，右爪心朝下。目視甲方頭部（圖71）。

圖71

甲方：身體右轉，雙腿由馬步變右弓步。右臂向上至臉前迎架乙方爪腕，拳心朝上。目視乙方左爪（圖72）。

圖72

29.鯉魚托腮

乙方：右爪從身後向前卡抓甲方脖部，臂伸直，拇指朝左，餘四指朝右，虎口朝上；左爪向下、向後屈肘拉回胸前，爪心朝前。同時，右腳向前邁一步落地，雙腿由左弓步變右弓步。目視甲方頭部（圖73）。

圖73

甲方：左拳向
上、向右挎斬乙方
右爪腕，右拳向
下、向後屈肘落至
右腰間，左拳面朝
上，右拳心朝上。
右腳後退一步落
地，腿即蹬直，左
腿屈膝。目視乙方
右爪（圖74）。

圖74

30.樵夫削柴

乙方：身體向
左後轉，左腳向前
邁一步落地，雙腿
左屈右直成左弓
步。雙爪變掌，隨
轉身左掌直臂平掌
向前、向左砍削甲
方左耳部，右掌屈
肘收抱至右腰間，
雙掌心均朝下。目
視甲方頭部（圖
75）。

圖75

甲方：左腳後退一步落地，雙腿屈膝下蹲躲過乙方左掌砍削。左拳向下屈肘收抱至左腰間，拳心朝上。目視乙方（圖76）。

圖76

31.黑熊撲心

乙方：步型不變。右掌屈腕成立掌向前撲推甲方胸部，掌指朝上；左掌向後、向下屈肘收抱至左腰間，掌心朝上。目隨右掌（圖77）。

圖77

甲方：上身微右轉，雙腿右屈左直成右弓步。同時，右拳向上、向左挎磕乙方右前臂，拳面朝上，拳心朝後。目視乙方右掌（圖78）。

圖78

32.野猿攀枝

乙方：身體左轉，右腿提起，右腳向右側踹甲方腹部，力在腳跟，左腿站直。右掌橫掌向右撐掌，左掌平放左胸前，掌心均朝下。目視甲方（圖79）。

圖79

甲方：身體左轉，左腳向左跨一步，右腳隨之左滑一步，雙腿屈膝，右腳尖著地成右丁步。右拳變勾手，向右勾掛乙方右腳脖。目視乙方右腳（圖80）。

圖80

第五折

33.玉兔蹬鷹

甲方：右腳向右邁半步落地，身體右後轉，左腿提起，左腳向左踹擊乙方右胯，腿伸直，力達腳跟。左拳右勾手均變掌，左掌平掌向左撐掌，右掌屈肘平放至右胸前，掌心均朝下。目視乙方（圖81）。

圖81

乙方：以左
腳前掌為軸，身
體向左後轉，右
腳落地，雙腿屈
膝成馬步。雙掌
隨身擺動，當右
腳落地時，左掌
順勢向左勾掛甲
方左腳脖，右掌
擺至身體右後
方。目視甲方左
腳（圖 82）。

圖 82

34.閻王插喉（左）

甲方：左腳落
地，身體左轉，雙
腿左屈右直成左弓
步。左掌成平掌用
掌指順勢向前插擊
乙方脖喉，右掌下
落至右腰間，雙掌
心均朝上。目隨左
掌（圖 83）。

圖 83

乙方：身體左轉，雙腿由馬步變左弓步。隨著轉身變步，右掌由身後向前、向上至喉前挑架乙方左掌腕，左掌向後屈肘抱至左腰間，雙掌心均朝上。目視甲方左掌（圖84）。

圖84

35.閻王插喉（右）

甲方：右掌用掌指向前猛力直插乙方脖喉，臂伸直，掌心朝上；左掌向下、向後屈肘拉回至左腰間，掌心朝上。右腳隨右掌前插向前邁一步落地，右腿屈膝，左腿蹬直。目隨右掌（圖85）。

圖85

乙方：左腳向後
退一步落地，腿即伸
直，右腿屈膝。左掌
臂內旋向上至脖前迎
架甲方右掌腕，右掌
向下、向後屈肘抱至
右腰間，兩掌心均朝
上。目視甲方右掌
（圖86）。

圖86

36.太歲頂肘（左）

甲方：雙掌變
拳，左拳屈肘用肘尖
向前猛力頂擊乙方右
胸，右拳向下、向後
擺落至身體右後方。
與此同時，左腳向前
邁一步落地，左腿屈
膝，右腿蹬直。目視
乙方（圖87）。

圖87

乙方：左掌從頭前方向下，右掌從右腰間向上、向前，雙掌至右胸前向下按拍甲方左肘。同時右腳向後退一步落地，雙腿左屈右直成左弓步。目視甲方左肘（圖88）。

圖88

37.毒蛇尋穴

甲方：身體右轉，雙腿由左弓步變馬步。左拳臂內旋向下擊打乙方襠部，拳面朝下。目視乙方（圖89）。

圖89

乙方：右掌向下
截擊甲方左拳。步型
和左掌動作不變。目
視甲方（圖90）。

圖90

38.太歲頂肘（右）

甲方：身體左
轉，右腳向前邁一步
落地，雙腿右屈左直
成右弓步。右拳屈肘
用肘尖由身後向前猛
擊頂擊乙方左胸部，
左拳擺落至身體左後
方。目隨右肘（圖
91）。

圖91

乙方：右掌上提至
胸前後，雙掌向下按推
甲方右肘。同時左腳後
退一步，雙腿右屈左直
成右弓步。目視甲方
（圖92）。

圖92

39.浪子探錘

甲方：右肘伸直，
右拳向上、向前砸擊乙
方頭部，拳眼朝上。步
型和左拳動作不變。目
視乙方頭部（圖93）。

圖93

乙方：步型不變。雙掌向上至頭前上方迎架甲方右拳。目視甲方右拳（圖94）。

圖94

第六折

40.刁猴勾踢

乙方：右腿站直，左腿提起，左腳從身後向前用腳脖向右勾踢甲方右小腿，腳離地，腳尖朝右後。雙掌變拳，向下落至身體兩側，拳心均朝下。目視甲方（圖95）。

圖95

甲方：右腳向後退一步閃過左腳勾踢，雙腿左腿屈膝，右腿伸直成左弓步。右拳向下、向後落至右腰間，拳心朝上。目視乙方（圖96）。

圖96

41.雙峰貫耳

乙方：雙拳由身體兩側向前、向裡（左拳右、右拳左）用拳眼貫擊甲方兩耳根，拳心均朝下。與此同時，左腳向前落步，左腿屈膝，右腿蹬直。目視甲方頭部（圖97）。

圖97

甲方：步型不變。左拳由身後向前、向上，右拳由右腰間向上，雙拳至兩耳前向外（左拳左、右拳右）崩磕乙方雙拳，拳面均朝上。目視乙方（圖98）。

圖98

42.拐李送膝

乙方：雙拳變掌，向上、向下、向外分掛甲兩前臂，掌指均朝下。同時，右腿屈膝上提用膝尖頂撞甲方小腹，腳尖朝下。目視甲方（圖99）。

圖99

甲方：左腳向後退一步落地，雙腿右屈左直成右弓步。雙拳變掌向下拍按乙方右膝。目視乙方右膝（圖100）。

圖100

43.力推華山

乙方：雙掌下落至胸前屈腕成立掌向前猛力推擊甲方胸部，掌指朝上。同時，右腳向前落步，右腿屈膝，左腿蹬直。目隨雙掌（圖101）。

圖101

甲方：右腳向後
退一步落地，左腿屈
膝，右腿蹬直。雙掌
向上、向外（左掌
左、右掌右）迎擊分
架乙方雙掌腕，掌指
均朝上。目視乙方
（圖102）。

圖102

44.暗渡陳倉

乙方：雙掌向
下、向裡、向上、向
外（左掌左、右掌
右）纏捋挑撥甲方兩
前臂，雙掌指均朝
上。同時，左腳由身
後向前彈踢甲方小
腹，腿伸直，腳背繃
平，力達腳尖。目視
甲方（圖103）。

圖103

甲方：左腳向後退一步落地，雙腿屈膝右腳尖著地成右虛步。雙掌向下拍擊乙方左腳面，掌背朝上。目視乙方左腳（圖104）

圖104

45.烈馬踢槽

乙方：左腳落地，腿即站直。右腳從身後向前彈踢甲方小腹，腿伸直，腳背繃平，力達腳尖。雙掌屈肘下落至兩腰間，掌心均朝上。目視甲方頭部（圖105）。

圖105

甲方：右腳向後
退一步落地，雙腿屈
膝，左腳尖著地成左
虛步。雙掌仍至身前
向下拍擊甲右腳面，
掌背朝上。目視乙方
右腳（圖106）。

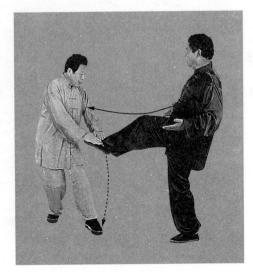

圖106

46.騎馬推山

乙方：右腳向前
落步，身體左轉，雙
腿屈膝成馬步。與轉
身上步同時，右掌橫
掌向前撞擊甲方腹
部，掌心朝下。目視
甲方（圖107）。

圖107

甲方：左腳後退一步落地，身體左轉，雙腿屈膝成馬步。同時，雙掌變拳，右拳向前磕撥乙方右掌腕，拳面朝下；左拳屈肘收抱至左腰間，拳心朝上。目視乙方右掌（圖108）。

圖 108

47.掌劈南山（左）

乙方：以右腳前掌為軸碾地，身體向左後翻轉，左腳向前邁一步落地，雙腿左屈右直成左弓步。隨著轉身上步，左掌向上、向前、向下弧形劈擊甲方頭部，掌心朝右；右掌擺至身體右後方，掌心朝下。目視甲方頭部（圖109）。

圖 109

甲方：左拳向上至頭前上方迎架乙方左掌腕，右拳屈肘後拉至右腰間，雙掌心朝上。同時，右腳向後退一步落地，身體右轉，雙腿左屈右直成左弓步。目隨左拳（圖110）。

圖 110

48.掌劈南山（右）

乙方：步型不變。右掌從身後向上、向前、向下猛劈甲方頭部，掌心朝左；左掌向後屈肘抱至左腰間，掌心朝上。目視甲方頭部（圖111）。

圖 111

甲方：右拳臂內旋向上至頭前上方迎架乙方右掌腕，左掌向下、向後屈肘落至左腰間，雙掌心均朝上。步型不變。目視乙方右掌（圖112）。

圖112

第七折

49.攔腰取水

甲方：左腳向前邁一步落地，右腳隨之前跟一步，身體右轉，雙腿屈膝成馬步。左拳變掌，屈腕成橫掌向左鏟擊乙方右肋，掌心朝下；右拳屈肘橫至頭上方，拳心朝上。目隨左掌（圖113）。

圖113

乙方：右掌向
下、向右撥掛甲方左
掌腕，掌指朝下。同
時，左腳向後退一
步，雙腿右屈左直成
右弓步。目視甲方左
掌（圖114）。

圖114

50.撩錘打陰（右）

甲方：身體左後
轉，右腳向右邁一步
落地，雙腿屈膝成馬
步。與轉身上步同
時，右拳從頭上向
下、向前、向右撩打
乙方襠部，拳眼朝
上；左掌變拳向下、
向後屈肘落於左腰
間，拳眼朝上。目視
乙方（圖115）。

圖115

乙方：左掌向前、向下、向左撥掛甲方右拳腕，右掌屈肘後拉抱至右腰間，左掌指朝下，右掌心朝上。右腳向後退一步落地，左腿屈膝右腿伸直成左弓步。目視甲方右拳（圖116）。

圖116

51.撩錘打陰（左）

甲方：身體右後轉，左腳向左邁一步落地，雙腿屈膝成馬步。隨轉身上步，左拳向前撩打乙方襠部，右拳向後屈肘抱至右腰間，左拳眼朝上，右拳心朝上。目視乙方（圖117）。

圖117

乙方：左腳向後退一步，雙腿右屈左直成右弓步。右掌由右腰間向前、向下、向後撥掛甲方左拳腕，左拳向後屈肘抱至左腰間，右掌指朝下，左掌心朝上。目視甲方左拳（圖118）。

圖118

52.羅漢掃蹚（右）

甲方：左腿屈膝全蹲，右腿平鋪伸直成右仆步。以左腳前掌為軸碾地，右腳掌貼近地面向左掃180°。伴隨掃腿，左拳變掌屈肘向上橫亮掌頭上方，掌心朝上；右拳變勾手擺至身後，勾尖朝上。目視乙方（圖119）。

圖119

乙方：上身微左轉，雙腳同時蹬地跳起躲過甲方右腿前掃。雙掌擺至身體前方，掌心朝下（圖120）。

圖 120

上動不停，雙腳向前落地，雙腿微屈膝。雙掌仍至身前。目視甲方（圖121）。

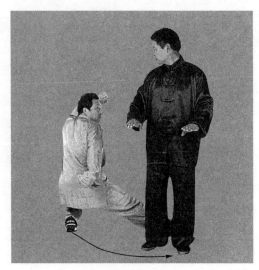

圖 121

53.羅漢掃膛（左）

甲方：身體重心右移，右腿屈膝全蹲，左腿平鋪伸直成左仆步。上身前伏，右勾手變掌由身後向前、向左，左掌從頭上向下，雙掌向左下按地。以右腳前掌為軸碾地，左腳掌貼近地面向左掃 180°。目視乙方（圖122）。

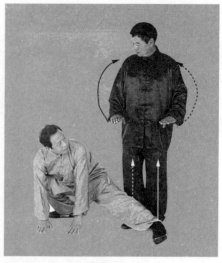

圖 122

乙方：雙腳同時蹬地跳起躲過甲方左腿後掃。雙掌動作不變。目視甲方（圖123）。

圖 123

上動不停，雙腳落地，雙腿微屈膝。目視甲方（圖124）。

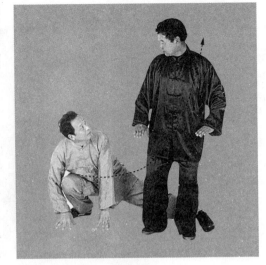

圖 124

54.仙童擺腿

甲方：身起。左腿站直，身體重心左移，右腿提起，右腳直腿向乙方頭部橫擺。雙掌隨身擺至身體兩側。目視乙方頭部（圖125）。

圖 125

乙方：雙腿屈
膝下蹲，低頭躲過
甲方右擺腿。目視
甲方（圖126）。

圖126

55.橫擔鐵門

甲方：右腳落
地，以右腳為軸碾
地，身體左後轉，
左腳向前邁一步落
地，雙腿左屈右直
成左弓步。雙掌變
拳，隨轉身上步，
左前臂向前、向左
橫擔乙方胸部，右
拳擺至身體右後
方。目視乙方胸部
（圖127）。

圖127

乙方：身體右
轉，右腳後退一
步，左腿屈膝，右
腿蹬直。與此同
時，左前臂向左攔
截甲方左前臂，掌
指朝上，右掌向後
擺至身體右後方。
目視甲方左前臂
（圖128）。

圖 128

第八折

56.張飛捋打

乙方：左掌臂
內旋抓捋住甲方左
前臂，右掌從身後
向上、向前、向下
劈擊甲方頭部，掌
心朝右。同時右腳
向前邁一步，雙腿
右屈左直成右弓
步。目視甲方頭部
（圖129）。

圖 129

甲方：頭左仰躲過乙方右掌下劈，同時，右拳變掌由身後向前、向上、向右抄纏住右前臂下拉至胸前。目隨右拳（圖130）。

圖130

上動不停，甲方身體右轉，乙方身體左轉，雙方同時雙腿屈膝成馬步。互視對方（圖131）。

圖131

57.霸王摘盔

①乙方：右掌變拳，臂外旋後拉抽脫甲方右掌纏捋後，向右、向前、向左擊打甲方後腦，拳心朝下。步型不變。目視甲方頭部（圖132）。

圖132

甲方：左拳臂外旋後拉抽脫乙方左掌抓捋後向上、向左迎架乙方右前臂。步型不變。目視乙方頭部（圖133）。

圖133

②甲方：右掌用
掌背向上、向前摑打
乙方右臉，左拳變掌
屈肘抱至左腰間，右
掌指朝上，左拳心朝
上。上身微左轉，步
型不變。目視乙方頭
部（圖134）。

圖 134

乙方：左掌向上
用掌心迎擋甲方右掌
背，右拳向後屈肘收
至右腰間，拳心朝
上，左掌指朝上。步
型不變。目視甲方頭
部（圖135）。

圖 135

58.金絲纏臂（左）

乙方：步型不變。右拳向前直擊甲方左肋，拳心朝下；左掌變拳向下屈肘落至左腰間，拳心朝上。目視甲方（圖136）。

圖136

甲方：左掌臂內旋向右、向上、向左架捋繞纏乙方右前臂，右掌向下屈肘抱至右腰間，左掌背朝上，右掌心朝上。步型不變。目視乙方右前臂（圖137）。

圖137

59.金絲纏臂（右）

乙方：身體右轉，左腳向前邁一步落地，左腿屈膝，右腿蹬直。左拳隨左腳前邁向前直擊甲方右肋，拳心朝下；右拳向後屈肘拉回至右腰間，拳心朝上。目視甲方右肋（圖138）。

圖138

甲方：右掌臂內旋向左、向上、向右架捋繞纏乙方左前臂，左掌向後屈肘拉回至左腰間，右掌背朝上，左掌心朝上。同時，身體左轉，左腳向後退一步落地，雙腿右屈左直成右弓步。目視乙方左前臂（圖139）。

圖139

60.金剛推碑

乙方：左腳向前邁一步落地，右腳隨之前滑一步，雙腿仍成左弓步。雙拳變掌，左掌下落胸前，右掌前推至胸前，雙掌屈腕成立掌向前猛力推擊甲方胸部。目隨雙掌（圖140）。

圖140

甲方：雙掌變勾手，左勾手向上、向右，右勾手向左，雙勾手至胸前向下、向外（左手左、右手右）勾掛乙方雙掌腕，勾尖均朝下。同時，右腳向後退一步落地，左腿屈膝，右腿蹬直。目視乙方（圖141）。

圖141

61.拙童搓踹

乙方：右腳由身
後向前用腳掌橫腳搓
踹甲方左小腿迎面
骨，腳離地，腳尖斜
朝右上。雙掌擺至身
體兩側。目視甲方
（圖142）。

圖142

甲方：左腳向上
提起躲過乙方右腳的
搓踹。雙勾手變掌，
左掌至身體左前方，
右掌至身體右前方。
目視乙方右腳（圖
143）。

62.白馬蹬蹄

乙方：右腳落
地，腳尖左扣，身體
向左後翻轉，左腳向
後蹬擊甲方小腹，腿
伸直，腳尖朝下，力
在腳跟。上身前伏，

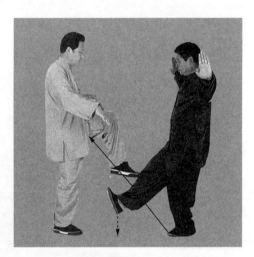

圖143

左掌隨腿向後直臂伸插，右掌向前直臂插擊，左掌心朝左，
右掌心朝右。頭左後轉。目視甲方（圖144）。

甲方：左腳向後落步，雙腿屈膝右腳尖著地成右虛步。右掌向下、向右勾掛乙方左腳脖，掌指朝下；左掌向後屈肘落至左腰間，掌心朝上。目視乙方左腳（圖145）。

圖 144

圖 145

63.二龍戲珠

①乙方：左腳落地，身體向左後轉，雙腿左屈右直成左弓步。隨著轉身，左掌向上、向前、向下劈擊甲方頭部，右掌擺至身體右後方，左掌心朝右，右掌心朝下。目視甲方頭部（圖146）。

圖146

甲方：右掌向上至頭前上方迎架乙方左前臂，掌心朝上。右腳同時向後退一步，雙腿左腿屈膝，右腿伸直成左弓步。目視乙方左掌（圖147）。

圖147

②乙方：右掌拇指、無名指、小指相握，中指、食指叉開，由身後向前戳擊甲方雙眼，左掌向後、向下屈肘落至左腰間，右掌背朝上，左掌心朝上。步型不變。目視甲方頭部（圖148）。

圖148

甲方：左掌臂內旋向上至眼前迎架乙方右掌腕，右掌向下、向後屈肘落至右腰間，雙掌心均朝上。目視乙方（圖149）。

圖149

64.猛漢撞掌

乙方：左掌向上至胸前，右手變掌向下至胸前，雙掌屈腕成立掌向前猛力撞擊甲方胸部，掌指朝上。步型不變。目視甲方胸部（圖150）。

圖 150

甲方：步型不變。左掌下落至胸前，右掌向上至胸前，雙掌屈腕成立掌向前迎撞乙方雙掌，掌指朝上。目隨雙掌（圖151）。

圖 151

收　勢

①甲方：身體右轉，左腳向右腳靠攏，雙腿併步站立。雙掌臂外旋屈肘收至兩腋前向身體兩側揮擊同腰高時，直臂向上繞舉至頭上方，屈肘經胸前向下按掌至腹前，掌心朝下，掌指相對。目隨雙掌。

乙方：身體左轉，右腳向左腳右側邁一步落地，雙腿併步站立。雙掌動作同甲（圖152）。

②甲、乙雙方同時雙掌直臂下貼兩大腿外側。目視前方（圖153）。

圖 152

圖 153

第二節　近　拳

動作名稱

預備勢

第一段

1. 力劈華山
2. 黑虎掏心
3. 順勢插錘
4. 巧手摑面
5. 大鵬展翅
6. 白猿探臂
7. 狀夫闖堂
8. 老僧敲鐘
9. 拗步橫擂

第二段

10. 小鬼勾腳
11. 猛虎翻身
12. 黑熊撲食
13. 怪蟒纏枝
14. 惡虎靠山
15. 雄獅擺頭

16. 坐馬推車
17. 老鷹踢腳

第三段

18. 螳螂搶食
19. 金剛推掌（左）
20. 金剛推掌（右）
21. 暗渡陳倉
22. 天王蓋頂
23. 猛虎攔路
24. 命官闖營
25. 抒臂踹腿
26. 野馬蹽蹄
27. 翻身劈蓋
28. 蒼鷹蹬腿

第四段

29. 白猿探臂
30. 左右掛耳
31. 刁猴摑臉

32. 泰山壓頂

33. 金剛搗錐

34. 羅漢贈膝

35. 雙峰貫耳

36. 怪獸撲胸

37. 霸王盤肘

38. 蛟龍轉身

第五段

39. 探錘砸頭

40. 金蛇尋洞

41. 餓虎搶食

42. 拙童插肋

43. 黃鷹落頂

44. 拙童點肋

45. 仙人掃蹚

46. 惡鷹蹬踹

47. 烏龍掃尾

48. 劈山填海

第六段

49. 靈猿伸腿

50. 順水推舟

51. 迎賓送客

52. 羅漢推碑

53. 周倉扛檩

54. 游龍轉身

55. 霸王勾踢（右）

56. 霸王勾踢（左）

57. 仙童掃腿

第七段

58. 元霸靠錘

59. 閻王搗肘

60. 探臂摘果

61. 黑虎爬山

62. 金猴偷桃

63. 猛豹轉身

64. 白猿掛印

第八段

65. 黑狗鑽襠

66. 白馬翻蹄

67. 青龍探爪

68. 童子搓踹

69. 白猿獻果

70. 老僧推門

71. 金剛撞掌

72. 抽撤連環

收　勢

動作圖解

預備勢

①甲乙雙方相反方向併步站立，均兩手成掌下貼兩大腿外側。間隔約兩步。目視前方（圖1）。

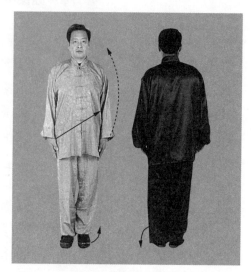

圖1

②甲乙雙方均右腳提起後震腳落地，身體左轉約135°，左腳向前邁一步落地，雙腿左屈右直成左弓步。同時，左掌從左大腿外側經身前屈肘向上橫架至頭上方，掌心朝上；右掌變拳向右直擊，拳心朝下。目隨右拳（圖2）。

圖2

③甲乙雙方同時身體右轉45°，左腳向右跨一步，腳尖著地，雙腿屈膝成左虛步。雙掌左前右後均屈腕挑指成立掌，掌指朝上。目視左掌（圖3）。

圖3

第一段

1.力劈華山

甲方：

①右腳向前邁一步震腳落左腳處，左腳同時向前邁一步落地（圖4）。

圖4

②甲方左掌向下
按壓乙方左掌腕後屈
肘收至左腰間，掌心
朝上；右掌向後、向
上、向前、向下用下
掌沿直臂猛劈乙方頭
部。右腳隨即再向前
邁一步落地，右腿屈
膝，左腿伸直。目隨
右掌（圖5）。

圖5

乙方：當甲方右
掌向頭部劈來時，左
腳向左後方跨一步，
左腿伸直，右腿屈
膝。上身向左轉，左
掌向上、向左格擋甲
方右前臂，掌心朝
上。目視左掌（圖
6）。

圖6

2.黑虎掏心

乙方：步型不變。左掌向上格擋甲方右臂後屈肘收至左腰間，掌心朝上；右掌變拳向前直擊甲方胸部，拳心朝下。目視甲方（圖7）。

圖7

甲方：步型和左掌動作不變。右掌向下、向右磕掛乙方右拳腕（圖8）。

圖8

3.順勢插錘

甲方：左腳向前
邁一步落地，腿即屈
膝，右腿蹬直。伴隨
左腳向前邁步，左掌
變拳，順勢向前直擊
乙方右肋，拳眼朝
上，右掌屈肘收至右
腰間。目視乙方（圖
9）。

圖9

乙方：右腳向後
退一步落地，雙腿左
屈右直成左弓步。右
拳變掌，與右腳後退
同時向後掛擊甲方左
拳腕。目視甲方左拳
（圖10）。

圖10

4.巧手摑面

乙方：左掌從左腰間向右、向上用掌背摑擊甲方臉部，掌指朝上，右掌擺至身後。步型不變。目視甲方頭部（圖11）。

圖11

甲方：步型不變。右掌由右腰間向上用掌背於臉前迎擊乙方左掌，掌心朝裡，掌指朝上；左拳屈肘回拉至左腰間，拳心朝上。目視乙方（圖12）。

圖12

5.大鵬展翅

甲方：右掌向下、向右勾掛掌腕後變勾手直臂伸至身體右側，勾尖朝下；左掌變勾手直臂伸至身體左側，勾尖朝下。右腳從身後向前彈踢乙方小腹，腳面繃平，力達腳尖。目視乙方（圖13）。

圖13

乙方：左腳後退一步落地，雙腿屈膝，右腳尖著地成右虛步。左掌向下，右掌由身後向上、向前、向下，雙掌於腹前拍擊甲方右腳面。目隨雙掌（圖14）。

圖14

6.白猿探臂

乙方：右腳向前移半步，雙腿右屈左直成右弓步。雙掌變拳，右拳向上、向前用拳背反砸甲方頭部，拳心朝後；左拳屈肘收至左腰間，拳心朝上。上身微左轉。目視甲方頭部（圖15）。

圖15

甲方：右腳落地，右腿屈膝，左腿伸直。雙勾手變拳，右拳屈肘向下、向左經身前向上至頭前上方迎擊乙方前臂，拳心朝下；左拳屈肘收至左腰間，拳心朝上。上身微右轉。目視乙方右拳（圖16）。

圖16

7.狀夫闖堂

甲方：左腳向前邁一步落地，雙腿左屈右直成左弓步。隨左腳前邁步，左臂屈肘用肘尖向前頂擊乙方右肋；右拳屈肘拉至右腰間，拳心朝下。目視乙方頭部（圖17）。

圖17

乙方：右腳向後退一步落地，左腿屈膝，右腿伸直成左弓步。右拳變掌隨身抽回肋前後向左揉推甲方肘尖。目視甲方（圖18）。

圖18

8.老僧敲鐘

甲方：步型和右
拳動作不變。左拳伸
肘用拳背反砸乙方頭
部，拳心朝上。目視
乙方頭部（圖19）。

圖19

乙方：右掌屈肘
上至頭前上方格擋甲
方拳腕。步型和左掌
動作不變。目視甲方
頭部（圖20）。

圖20

9.拗步橫擂

甲方：步型不變。右拳從右腰間向右、向前、向左用拳眼弧形橫擊乙方左耳根部，拳心朝下，左拳收至左腰間。目視乙方頭部（圖21）。

圖21

乙方：左掌從左腰間向上、向左至左耳左前方迎格甲方右拳腕，右掌擺至身體右後下方。目視甲方右拳（圖22）。

圖22

第二段

10.小鬼勾腳

乙方：右腿提起，右腳向前、向左勾踢甲方左小腿。上身微左轉，雙掌動作不變。目視甲方（圖23）。

圖23

甲方：左腿提起躲過乙方右腿勾踢後，左腳向後落步。右拳變掌下落至胸前。目視乙方（圖24）。

圖24

11.猛虎翻身

①乙方：右腳落
地，身體向右後翻
轉，左腳向前邁一步
落地，雙腿左屈右直
成左弓步。雙掌隨身
擺動，左腳向前落地
時，左掌用下掌沿向
前、向下劈擊甲方頭
部，右掌擺至身後。
目隨左掌（圖25）。

圖25

甲方：右掌向上
於頭前上方迎架乙方
左前臂，掌心朝上。
同時，雙腳向後滑半
步，雙腿右屈左直成
右弓步。目視乙方左
掌（圖26）。

圖26

②乙方：右掌從身後向上、向前、向下用掌下沿弧形劈擊甲方頭部，掌心朝左；左掌屈肘拉至左腰間，掌心朝上。步型不變。目視甲方頭部（圖27）。

圖27

甲方：步型不變。左拳變掌經身前向上至頭前上方格架乙方右前臂，掌心朝上；右掌屈肘收至右腰間，掌心朝上。目視乙方右掌（圖28）。

圖28

12.黑熊撲食

甲方：左掌向上格架乙方右掌後，右掌向前直臂撞擊乙方胸部，掌心朝前，掌指朝上，左掌收回至左腰間，掌心朝上。步型不變。目視乙方（圖29）。

圖29

乙方：步型和左掌動作不變。右掌向下、向左、向上劃圓挑架甲方右前臂。目視甲方臉部（圖30）。

圖30

13.怪蟒纏枝

乙方：左掌向上搭住甲方右掌，雙掌向右纏住甲方右掌和前臂，同時右腳向前邁一步，雙腿右屈左直成右弓步，雙掌向前猛力推放甲方右臂。目視甲方（圖31）。

圖31

甲方：左掌向上，雙掌順乙方來勢捋住乙方右前臂向右後攌擄。同時右腳後退一步，身體右轉，右腿屈膝，左腿膝微屈。目視乙方頭部（圖32）。

圖32

14.惡虎靠山

乙方：雙腳右先
左後均向前滑半步，
仍右屈左直成右弓
步。與此同時，雙掌
屈肘收至胸前，雙肘
右前左後相震撐，用
右肩靠撞甲方胸部。
目視甲方（圖33）。

圖33

甲方：上身右
轉，右腿站直。左掌
屈肘用前臂向前推乙
方右臂膀，右掌屈肘
收至右腰間，掌心朝
上。目視乙方（圖
34）。

圖34

15.雄獅擺頭

乙方：右掌變拳，伸肘向上用拳背擺砸甲方頭部。步型和左掌動作不變。目隨右拳（圖35）。

圖 35

甲方：上身微左轉，右掌向上至頭前上方迎架乙方右前臂，左掌屈肘收至左腰間，兩掌心均朝上。目視乙方（圖36）。

圖 36

16.坐馬推車

①甲方：左腳後退一步落地，右腿屈膝，左腿伸直，雙腿成右弓步。同時，左掌向前直擊乙方右肋，右掌屈肘收至右腰間，左掌指朝上，右掌心朝上。目視乙方頭部（圖37）。

圖37

乙方：右拳向左、向下、向右弧形磕掛甲方左掌腕。步型和左掌動作不變。目視甲方（圖38）。

圖38

②甲方：身體左轉，雙腿由右弓步變馬步。右掌向前直擊乙方右胸，掌心朝前，掌指朝上；左掌屈肘收至左腰間，掌心朝上。目隨右掌（圖39）。

圖39

乙方；步型和左掌動作不變。右拳向左撥掛甲方右掌腕。目視甲方（圖40）。

圖40

17.老鷹踢腳

乙方：右拳變掌，雙掌向下抔按甲方右掌腕。同時，左腳由身後向前彈踢甲方小腹，右腿站直，上身右轉。目隨左腳（圖41）。

圖41

甲方：右腳後撤半步，腳尖著地，雙腳成右丁步。右掌向下拍擊乙方左腳背。目視乙方左腳（圖42）。

圖42

第三段

18.螳螂搶食

乙方：左腳落地，腿即屈膝，右腿蹬直。雙掌變拳，左拳向前直擊甲方頭部，右拳屈壓收至右腰間，左拳心朝下，右拳心朝上。目隨左拳（圖43）。

圖43

甲方：右掌向上至頭前方迎架乙方左拳腕，掌心朝上。目視乙方（圖44）。

圖44

19.金剛推掌（左）

甲方：上動不停，右腳向前邁一步落地，雙腿右屈左直成右弓步。隨右腳前邁步，左掌屈腕成立掌向前猛力推擊乙方胸部，掌指朝上；右掌屈肘向上橫架於頭部上方，掌心朝上。目視乙方頭部（圖45）。

圖45

乙方：左腳向後退一步落地，右腿屈膝，左腿蹬直。雙拳變掌，右掌臂內旋向上挑架甲方前臂至頭前上方，左掌屈肘收至左腰間，兩掌心均朝上。目視甲方（圖46）。

圖46

20.金剛推掌（右）

甲方：左腳向前邁一步落地，雙腿左屈右直成左弓步。與此同時，左掌向下、向左勾掛乙方右掌腕後屈肘向上橫於頭部上方，掌心朝上；右掌從頭部上方下落至胸前屈腕成立掌向前猛力推擊乙方胸部，掌指朝上。目視乙方（圖47）。

圖47

乙方：右腳向後退一步落地，左腿屈膝，右腿伸直成左弓步。隨右腳後退，右掌向下、向左、向上架挑甲方右前臂。目視甲方（圖48）。

圖48

21.暗渡陳倉

乙方：左掌從左
腰間上至胸前，雙掌
捋住甲方右前臂向身
體右後方用力擄領。
同時，右腳橫腳用腳
掌向前踹擊甲方左小
腿迎面骨，腳尖朝右
上，左腿站直。目隨
右腳（圖49）。

圖49

甲方：雙腳同時
蹬地向左、向上跳
起，躲過乙方右腳的
踹擊。雙掌擺至身
前。目視乙方（圖
50）。

圖50

22.天王蓋頂

甲方：右腳落地，左腳向前落地，身體右轉，右腿屈膝，左腿站直。雙掌變拳，右拳直臂向上、向右用拳背蓋砸乙方後腦，左拳屈肘收抱至左腰間，兩拳心均朝上。目視乙方頭部（圖51）。

圖51

乙方：右腳落地，左腳向前一步，身體右轉，雙腿右屈左直成右弓步。雙掌變拳，右拳向上至頭前上方迎架甲方右前臂，左拳擺至身後。目視甲方右拳（圖52）。

圖52

23.猛虎攔路

乙方：左腳向前
邁一步落地，雙腿左
屈右直成左弓步。左
拳向左、向前、向右
弧形圈擊甲方右肋，
拳心朝下；右拳屈肘
收抱至右腰間，拳心
朝上。目隨左拳（圖
53）。

圖53

甲方：左右腳同
時蹬地跳起，左腳向
前落地，右腳向後落
地，雙腿左屈右直成
左弓步。左拳隨左腳
前跳步向右挎攔乙方
左前臂，右拳屈肘收
至右腰間，左拳心朝
右，右拳心朝上。目
視乙方頭部（圖
54）。

圖54

24.命官闖營

乙方：步型不
變。右拳臂內旋向前
猛力直擊甲方頭部，
左拳屈肘收至左腰
間，兩拳心均朝下。
目視甲方頭部（圖
55）。

圖 55

甲方：步型不
變。右拳臂內旋向
前、向上至頭前方迎
架乙方右拳腕，拳心
朝下；左拳屈肘收抱
至左腰間，拳心朝
上。目隨右拳（圖
56）。

圖 56

25.捋臂踹腿

甲方：雙拳變掌，
左掌向上雙掌捋住乙方
右前臂猛力向身體右後
方攞拉。同時，右腳橫
腳用腳掌向前搓踹乙方
左小腿，腳離地，腳尖
斜朝右上方，左腿站
直。目視乙方（圖
57）。

圖 57

乙方：雙腳蹬地同
時向左、向上、向前跳
起，躲過甲方右腳的搓
踹。雙拳順勢擺至身
前，拳心朝下。目視甲
方（圖 58）。

26.野馬蹽蹄

甲方：右腳落地，
身體微左轉，上身前
伏，左腳直腿向後蹽踢
乙方小腹，力在腳跟。

圖 58

左右兩掌隨左腿向後
踢分別直臂向後、向前撩掌，左掌心朝右，右掌心朝左。目
視乙方（圖 59）。

乙方：右腳落地，左腳向前落地，身體向右後轉，雙腿屈膝，右腳前掌著地成右虛步。雙拳變掌，隨轉身向前拍擊甲方左腳跟。目視甲方左腳（圖60）。

圖59

圖60

27.翻身劈蓋

①甲方：左腳落地，身體向左後翻轉，雙腿左屈右直成左弓步。伴隨轉身，左掌向後、向上、向前、向下劈擊乙方頭頂部，掌心朝左，右掌擺至身後。目視乙方頭部（圖61）。

圖61

乙方：右腳向右跨一步，雙腿右腿屈膝，左腿伸直成右弓步。右掌向上至頭前上方迎架甲方左掌腕，左拳向後屈肘收至左腰間，雙掌心均朝上。目隨右掌（圖62）。

圖62

②甲方：右掌從
身後向上、向前、向
下弧形蓋擊乙方頭頂
部，左掌向後、向下
落至左腰間，雙掌心
均朝下。步型不變，
上身微左轉。目視乙
方頭部（圖63）。

圖63

乙方：步型不
變。左掌向上至頭前
上方屈肘橫架甲方右
掌腕，右掌下落收抱
至右腰間，雙掌心均
朝上。目隨左掌（圖
64）。

圖64

28.蒼鷹蹬腿

甲方：右掌向
下、向後屈肘收抱至
右腰間，掌心朝下。
同時，右腳由身後向
前彈踢乙方小腹部，
腳面繃平，力達腳
尖，左腿站直。目視
乙方（圖65）。

圖65

乙方：左腳後退
半步，右腳後退一
步，身體左轉，雙腿
屈膝，右腳尖著地成
右丁步。雙掌變勾
手，伴隨退步轉身，
右勾手向右勾掛甲方
右腳脖，左勾手擺至
身後。目視甲方（圖
66）。

圖66

第四段

29.白猿探臂

乙方：身體右轉，右腳向前邁一步落地，右腿屈膝，左腿蹬直。雙勾手變拳，隨轉身上步，右拳向前、向上用拳背砸擊乙方頭部，手臂伸直，拳心朝上；左拳由身後向前屈肘護右腋下，拳心朝後。目視甲方頭部（圖67）。

圖67

甲方：右腳落地，右腿屈膝，左腿伸直。右掌變拳向上至頭前上方迎架乙方右拳腕，拳心朝上。目隨右拳（圖68）。

圖68

30.左右掛耳

①乙方：左腳向前上一步落地，雙腿左腿屈膝右腿伸直成左弓步。隨左腳前邁步，左拳向左、向前、向右用拳眼弧形擊打甲方右耳根部，拳心朝下；右拳向下、向後擺至身體右後方，拳心朝下。目視甲方頭部（圖69）。

圖69

甲方：右腳向後退一步落地，雙腿左屈右直成左弓步。右拳屈肘用前臂向下、向右磕擋乙方左前臂，拳面朝上，拳心朝前。目隨右拳（圖70）。

圖70

②乙方：上動不停，右拳由身後向前、向左用拳眼擊打甲方左耳根部，左拳向後、向下屈肘收至左腰間，右拳心朝下，左拳心朝上。步型不變。目視甲方頭部（圖71）。

圖71

甲方：左掌變拳屈肘向上、向左磕擋乙方右前臂，拳心朝前；右拳下落收抱至右腰間，拳心朝上。步型不變。目隨左拳（圖72）。

圖72

31.刁猴摑臉

甲方：步型不變。右拳變掌，向上、向左、向前用掌背摑擊乙方右臉部，左拳下落屈肘抱至左腰間，右掌指朝上，掌心朝後，左拳心朝上。目視乙方頭部（圖73）。

圖73

乙方：左拳變掌，向上、向左至右臉前用掌心迎擊甲方右掌背，掌指朝上；右拳向下、向後落至右腰間，屈肘，掌心朝上。步型不變。目視甲方（圖74）。

圖74

32.泰山壓頂

乙方：右腳向
前邁一步落地，右
腿屈膝，左腿伸
直。右拳變掌，隨
右腳前邁步，向
上、向前、向下弧
形蓋擊甲方頭部，
掌背朝上；左掌向
左、向下屈肘收抱
至左腰間，掌心朝
上。目視甲方頭部
（圖75）。

圖 75

甲方：左腳向
後退一步落地，雙
腿右屈左直成右弓
步。左拳臂內旋向
左、向上至頭前上
方迎架甲方右掌
腕，右掌變拳臂外
旋向後、向下落至
右腰間，兩拳心均
朝上。目視乙方
（圖76）。

圖 76

33.金剛搗錐

甲方：右拳臂內旋向前猛力直擊乙方胸部，拳心朝下；左拳向下、向後屈肘落至左腰間，拳心朝上。步型不變。目視乙方（圖77）。

圖77

乙方：左掌臂內旋向上、向右至胸前迎架甲方右拳腕，右掌臂外旋向後、向下落抱至右腰間，左掌心朝下，右掌心朝上。步型不變。目視甲方（圖78）。

圖78

34.羅漢贈膝

乙方：右腿站直，左腿屈膝提起，用膝蓋頂撞甲方小腹，腳尖朝下。同時，雙掌變勾手，左勾手向下、向後，右勾手向後勾掛至身後，勾尖朝上。目視甲方頭部（圖79）。

圖79

甲方：雙拳變掌，左掌臂內旋向前，右掌向下，雙掌至腹前拍擊乙方左膝，掌心朝下。與此同時，右腳向後退一步落地，左腿屈膝，右腿伸直，雙腿成左弓步。目視乙方（圖80）。

圖80

35.雙峰貫耳

乙方：左腳向前落步，腿即屈膝，右腿伸直。雙勾手變拳，從身體兩側向前，左拳向右、右拳向左弧形用拳眼貫擊甲方左右兩耳根，拳心均朝下。目視甲方頭部（圖81）。

圖81

甲方：雙掌臂外旋向上至兩耳前向外（左掌向左、右掌向右）格擋乙方雙拳腕，掌指均朝上。同時左腳向後退一步落地，雙腿右屈左直成右弓步。目視乙方頭部（圖82）。

圖82

36.怪獸撲胸

甲方：步型不變。雙掌向裡（左掌右、右掌左）收至胸前屈腕成立掌向前猛力撲推乙方胸部，掌指朝上。目隨雙掌（圖83）。

圖83

乙方：雙拳變掌，屈肘向裡收至胸前向下、向外（左掌向左、右掌向右）勾掛甲方雙掌腕。步型不變。目視甲方頭部（圖84）。

圖84

37.霸王盤肘

乙方：右腳向前邁一步落地，身體左轉，雙腿屈膝成馬步。右掌變拳，屈肘用肘尖向右頂擊甲方胸部，左掌抱至右拳上。目視甲方胸部（圖85）。

圖85

甲方：雙掌變拳，左拳屈肘用前臂向右橫推乙方右肘，右拳屈肘向後落至右腰間，左拳面朝上，右拳心朝上。同時，右腳向後退一步落地，雙腿左腿屈膝，右腿伸直成左弓步。目視甲方右肘（圖86）。

圖86

38.蛟龍轉身

乙方：身體向左後轉，左腳向前邁一步落地，雙腿屈膝成馬步。隨轉身上步，左掌變拳，屈肘用肘尖向前頂擊甲方左肋，右拳變掌抱至左拳上。目隨左肘（圖87）。

圖87

甲方：左腳後退一步落地，身體左轉，雙腿屈膝成馬步。同時，右拳屈肘用前臂向前推擊乙方左肘，拳面朝上；左拳屈肘收抱至左腰間，拳心朝上。目視乙方左肘（圖88）。

圖88

第五段

39.探錘砸頭

甲方：步型不
變。右拳伸肘用拳
背向前砸擊乙方頭
部，拳心朝上。目
視乙方頭部（圖
89）。

圖89

乙方：左拳向
上至頭左上方迎架
甲方右前臂，拳心
朝下；右掌變拳屈
肘收抱至右腰間，
拳心朝上。步型不
變。目隨左拳（圖
90）。

圖90

40.金蛇尋洞

甲方：右、左
腳先後向前邁半步
落地，雙腿屈膝。
右拳屈肘向下栽擊
乙方小腹，拳面朝
下；左拳變掌，向
前、向上護至左臉
前，掌心朝前。目
視乙方（圖91）。

圖91

乙方：左腳向
後退一步落地，身
體左轉，雙腿右屈
左直成右弓步。左
拳屈肘向下、向左
撥擊甲方右拳腕，
拳面朝下。目視甲
方右拳（圖92）。

圖92

41.餓虎搶食

乙方：步型不變。右拳變爪，向前猛力抓擊甲方面部，手臂伸直，爪背朝後；左拳向後屈肘收至左腰間，拳心朝上。目隨右爪（圖93）。

圖93

甲方：右拳向左、向上至臉前挑架乙方右前臂，左掌向下、向後收至左腰間，右拳心朝下，左掌心朝上。上身微右轉，雙腿右屈左直成右弓步。目視乙方右爪（圖94）。

圖94

42.拙童插肋

甲方：左腳向前上一步落地，身體右轉，右腳後滑半步，雙腿屈膝成馬步。隨轉身上步，左掌順勢用掌指向前插擊乙方右肋，右拳變掌向下、向後擺至身體右後方，左掌心朝右，右掌心朝下。目視乙方（圖95）。

圖95

乙方：右腳向前上半步落地，身體右轉，右腳向後滑半步，雙腿屈膝成馬步。左拳右爪均變掌，左掌隨轉身上步向上、向下、向左勾掛甲方左掌腕，右掌向下、向後擺至身體右後方。目視甲方頭部（圖96）。

圖96

43.黃鷹落頂

甲方：步型和右
掌動作不變。左掌變
爪，臂內旋向上抓擊
乙方頭頂部，臂伸
直，爪背朝上。目視
乙方頭部（圖97）。

圖97

乙方：左掌臂內
旋向上至頭左前上方
迎架甲方左前臂，掌
心朝上。步型和右掌
動作不變。目隨左掌
（圖98）。

圖98

44.拙童點肋

乙方：右腳向前上一步落地，身體左轉，左腳向後滑半步，雙腿屈膝成馬步。伴隨轉身上步，右掌從身後向前用掌指直插點擊甲方左肋，左掌向下、向後擺落至身體左後方，右掌心朝左，左掌心朝下。目隨右掌（圖99）。

圖99

甲方：右腳向前邁一步落地，身體左轉，左腳向後滑半步，雙腿屈膝成馬步。隨上步轉身，右掌向前、向下、向右弧形勾掛乙方右掌腕，左爪變掌擺落至身體左後方。目視乙方（圖100）。

圖100

45.仙人掃蹚

乙方：右腿屈膝全蹲，左腿平鋪伸直成左仆步。上身向左前下伏，雙手著地。以右腳前腳掌為軸，左腳全腳掌接近地面，向左掃360°。目視甲方（圖101）。

圖 101

甲方：雙腳同時蹬地跳起，躲過乙方左腿後掃。左掌由身後向左、向前，右掌向右，雙掌同時擺至身體兩側。目視乙方（圖102）。

圖 102

46.惡鷹蹬踹

甲方：上動不停。在空中，左腳屈膝上提，右腳直腿向右踹擊乙方身體。同時，左掌屈肘平放至左胸前，右掌橫掌向右撐擊，雙掌心均朝下。目視乙方（圖103）。

圖103

乙方：左、右腳先後向後滑一步，雙腿屈膝，右腳前掌著地成右丁步。右掌向右勾掛甲方右腳脖，左掌屈肘向上橫亮掌頭上方，掌心朝上。目視甲方右腳（圖104）。

圖104

47.烏龍掃尾

甲方：右腳落地，腿即站直，身體向左後轉，左腿向左直腿擺擊乙方頭部。雙掌隨轉身擺至身體兩側。目視乙方頭部（圖105）。

圖105

乙方：雙腿下蹲，低頭躲過甲方左腿掃踢。左掌由頭上向下，右掌向左，雙掌擺至身體前方，掌心朝下。目視甲方（圖106）。

圖106

48.劈山塡海

①甲方：左腳落地，雙腿左腿屈膝，右腿蹬直成左弓步。與此同時，左掌向前虛晃後屈肘收抱至左腰間，掌心朝上；右掌向上、向前、向下弧形劈擊乙方頭部，掌心朝右，掌指朝前。目視乙方頭部（圖107）。

圖107

乙方：左腳後退一步落地，身體微右轉，雙腿右屈左直成右弓步。右掌屈肘向上至頭前上方迎架甲方右掌腕，左掌向後屈肘收至左腰間，雙掌心均朝上。目隨右掌（圖108）。

圖108

②甲方：左腿站直，右腿提起，右腳從身後向前彈踢乙方小腹，腿伸直，腳面繃平，力達腳尖。同時，右掌變拳向後、向下屈肘落至右腰間，拳心朝上。目視乙方（圖109）。

圖109

乙方：右腳向後滑一步，身體隨即左轉，雙腿屈膝，右腳尖著地成右丁步。右掌從頭前上方向下至身右前方拍擊甲方右腳背，掌背朝上。目視甲方右腳（圖110）。

圖110

第六段

49.靈猿伸腿

乙方：右腳向右移半步，身體隨即右轉，右腿站直，左腿從身後向前彈踢甲方右胯，腿伸直，力達腳尖。右掌向後屈肘收抱至右腰間，掌心朝上。目視甲方（圖111）。

圖111

甲方：右腳向身體後方落步，左腳後移半步，雙腿屈膝，左腳尖著地成左虛步。同時，左拳變掌，向前拍擊乙方左腳背，掌背朝上。目視乙方左腳（圖112）。

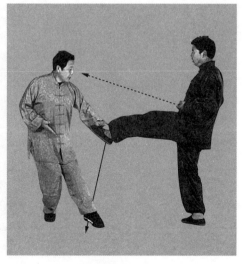

圖112

50.順水推舟

乙方：左腳落地，腿即屈膝，右腿蹬直。左掌順勢向前猛力推擊甲方臉部，臂伸直，掌指朝上。目視甲方頭部（圖113）。

圖113

甲方：左掌臂內旋向上至臉前迎架乙方掌腕，掌心斜朝上。步型和右拳動作不變。目隨左掌（圖114）。

圖114

51.迎賓送客

①甲方：右拳變掌向上，雙掌捋住乙方左前臂向身體左後方擺領。同時，左腳向後退一上落地，身體微左轉，雙腿微屈膝。目視乙方頭部（圖115）。

圖 115

乙方：上體前傾欲倒，急向後抽左臂，同時向後墜身。目視甲方頭部（圖116）。

圖 116

②甲方：雙掌
順勢向前猛力推擊
乙方左臂，欲將乙
方推倒。身體重心
前移，雙腿右屈左
直成右弓步。目視
乙方（圖117）。

圖117

乙方：身體後
仰欲倒。身體急速
前傾。目視甲方
（圖118）。

圖118

52.羅漢推碑

乙方：左掌向左反抄甲方左前臂後屈肘收抱至左腰間，掌心朝上。左腳向前一步落地，身體左轉，雙腿屈膝成馬步。與抄臂、上步、轉身同時，右掌臂內旋屈腕成立掌，向前猛力推擊甲方胸部，掌指朝上。目視甲方（圖119）。

圖119

甲方：左掌向左、向下、向上抄捋纏住乙方右前臂，右掌至身前。目視乙方頭部（圖120）。

圖120

53.周倉扛樑

甲方：右掌抄握住乙方右手腕。身體向右翻轉 270°，右腳向右跨一步，雙腿微屈膝。用左臂頂靠住乙方右臂根，雙掌向前、向下拉拽乙方右臂，上身前伏，臀後撅，扛背乙方臂身，欲將乙方從頭上摔出。目視前方（圖121）。

圖 121

乙方：雙腳同時蹬地，向左前方繞跳起身，繞過甲方扛臂摔身。同時，右臂掙脫甲方手掌抓握至身前。目視甲方（圖122）。

圖 122

54.游龍轉身

乙方：左腳落地，身體右後轉，右腳向後落地，雙腿屈膝成馬步。隨轉身，左掌屈腕成立掌向前推擊甲方胸部，右掌屈肘向後收抱至右腰間，左掌指朝上，右掌心朝上。目隨左掌（圖123）。

圖 123

甲方：上身左傾並微左轉，左腿屈膝，右腿伸直。左掌向上至胸前迎架乙方左掌腕，掌心朝前；右掌向後擺至身體右後方，掌心朝下。目視乙方左掌（圖124）。

圖 124

55.霸王勾踢（右）

甲方：用右腳腳脖
向前勾踢乙方左小腿，
身體隨即左轉，左腿微
屈膝，右腳離地。隨轉
身踢腿，左掌向下、向
左，右掌向前，雙掌擺
至身體兩側。目視乙方
（圖125）。

圖125

乙方：左腳後退一
步落地，閃過甲方右腳
勾踢，身體左轉，雙腿
右屈左直成右弓步。雙
掌隨轉身擺至身體兩
側。目視甲方右腳（圖
126）。

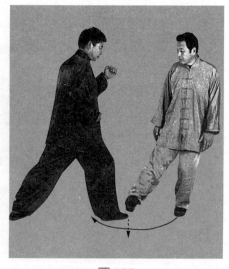

圖126

56.霸王勾踢（左）

甲方：右腳落地，左腳用腳脖向前勾踢乙方右小腿，身體隨即右轉，右腿微屈膝。雙掌隨轉身仍擺至身體兩側。目視乙方（圖127）。

圖127

乙方：右腳向左跨一步落地，躲開甲方的左腿勾踢，雙腿微屈膝。雙掌隨轉身仍自然擺至身體兩側。目視甲方左腳（圖128）。

圖128

57.仙童掃腿

乙方：右腿屈膝全蹲，左腿平鋪伸直成左仆步。上身前伏，雙掌向左下按地。以右腳前腳掌為軸，左腳全腳掌接近地面向左掃180°。目視甲方（圖129）。

圖 129

甲方：左腳落地後，雙腳同時蹬地向前跳起，躲過乙方後掃腿。雙掌擺至身前。目視乙方（圖130）。

圖 130

第七段

58.元霸靠錘

甲方：雙腳右先左後落地，身體右轉，雙腿右屈左直成右弓步。雙掌變拳，右拳向上、向前用拳背砸擊乙方頭部，左拳向後屈肘攻至左腰間，兩拳心均朝上。目視乙方頭部（圖131）。

圖131

乙方：身起，雙腿右腿屈膝，左腿伸直成右弓步。雙掌變拳，右拳臂內旋向上至頭前上方迎架甲方右前臂，拳心朝前；左拳屈肘抱至左腰間，拳心朝上。目隨右拳（圖132）。

圖132

59.閻王搗肘

甲方：右拳變掌，臂內旋向上、向右纏捋乙右前臂。同時，左腳向前邁一步落地，身體右轉，雙腿屈膝成馬步。左拳屈肘用肘尖向左搗擊乙方右胸，右掌抱至左拳上。目視乙方（圖133）。

圖 133

乙方：右拳變掌，由頭前上方下落至胸前向左、向前推擊甲方左肘，掌指朝上。同時，右腳向後退一步落地，雙腿左屈右直成左弓步。目隨右掌（圖134）。

圖 134

60.探臂摘果

甲方：步型不變。左拳伸肘用拳背向上砸擊乙方頭前部，右掌變拳屈肘抱至右腰間，兩拳心均朝上。目視乙方頭部（圖135）。

圖135

乙方：左拳向上至臉前方迎架甲方左拳腕，右掌變拳向後收抱至右腰間，左拳心朝前，右拳心朝上。步型不變。目隨左拳（圖136）。

圖136

61.黑虎爬山

甲方：身體左轉，右腳向前邁一步落地，腿即屈膝，左腿蹬直。與轉身上步同時，右拳向上、向前、向下弧形劈砸乙方頭部，拳眼朝上；左拳向下、向後擺至身體左後方，拳心朝下。目視乙方頭部（圖137）。

圖137

乙方：左腳向後退一步落地，雙腿右屈左直成右弓步。右拳臂內旋向上至頭前上方迎架甲方右前臂，拳心朝上；左拳向下、向後擺落至身體左後方。目隨右拳（圖138）。

圖138

62.金猴偷桃

甲方：身體左轉，左腿從右腳後向右上一步落地，雙腿屈膝成偷步。與此同時，右拳向下、向左、向上、向右劃圓用拳背砸擊乙方頭部，拳心朝上，左拳仍至身後方。上身向右擰轉，目視乙方頭部（圖139）。

圖139

乙方：右腳向後退一步落地，左腿屈膝，右腿伸直。右拳從頭前上方下落至胸前後仍向上至頭前上方迎架甲方右拳腕，拳心朝上，左拳仍至身後方。目視甲方右拳（圖140）。

圖140

63.猛豹轉身

甲方：以雙腳前掌為軸碾地，身體向左後翻轉，雙腿左腿屈膝右腿蹬直成左弓步。隨著轉身，左拳向上、向前、向下劈砸乙方頭部，拳眼朝上，右拳擺至身體右後方。目視乙方頭部（圖141）。

圖141

乙方：步型不變。左拳從身後向前、向上至頭前上方迎架甲方左拳腕，右拳向下、向後擺落至身體右後方，左拳心朝上，右拳心朝下。目隨左拳（圖142）。

64.白猿掛印

圖142

甲方：右拳由身後向上、向前、向下弧形劈擊乙方頭部，左拳由頭上向下、向後屈肘落至左腰間，右拳眼朝上，

左拳心朝上。同時右腳向前邁一步落地，腿即屈膝，左腿蹬直。目視乙方頭部（圖143）。

乙方：左腳向後退一步落地，右腿屈膝上提身前，雙腿成左獨立步。右拳從身後向前、向上架擊甲方右前臂，左拳向下、向後收抱至左腰間，兩拳心均朝上。目隨右拳（圖144）。

圖143

第八段

65.黑狗鑽襠

乙方：右腳向前落步，腿即屈膝，左腿伸直成右弓步。與此同時，左拳向上、向左磕掛甲方右前臂，右拳變爪，向下、向前掏抓甲方襠部。目視甲方

圖144

（圖145）。

甲方：左拳向左撥掛乙方右爪腕，右拳向後、向下擺至身體右後方，左拳面朝下，右掌心朝下。右腳向後退一步，身體右轉，雙腿屈膝成馬步。目視乙方右爪（圖146）。

圖145

66.白馬翻蹄

乙方：以雙腳前掌為軸碾地，身體向左後轉，左腿提起，左腳向後用腳掌撩踢甲方左小腿，右腿微屈膝。左拳右爪變掌，伴隨轉身，左掌向下、向後撩擊，右掌向下、向前撩擊，左掌心朝上，右掌心朝左（圖147）。

圖146

圖 147

圖 148

甲方：左腳向後退一步落地，躲過乙方左腳撩踢，雙腿右屈左直成右弓步。同時，左拳向下、向後擺至身體左後方，右拳向下、向前擺至身體右前方。目視乙方（圖148）。

67.青龍探爪

①乙方：左腳落地，身體向左後轉，身體重心前移，雙腿左屈右直成左弓步。雙掌變爪，隨轉身左爪向前探抓甲方臉部，右爪至身體右後方。目隨左爪（圖149）。

圖149

甲方：步型不變。右拳向上至臉前迎架乙方左爪腕，拳心朝上。目隨右拳（圖150）。

圖150

②乙方：左爪屈
肘拉回胸前，爪心朝
前，右爪從身後向前
探抓甲方臉部，手臂
伸直，爪背朝後。步
型不變。目隨右爪
（圖 151）。

圖 151

甲方：左拳由身
後向前、向上至臉前
迎架乙方右前臂，右
拳向下、向後屈肘抱
至右腰間，拳心均朝
上。步型不變。目視
乙方右爪（圖 152）。

圖 152

68.童子搓踹

乙方：左爪變掌向前搓擊甲方臉部，右爪變掌向後落至右腰間，左掌指朝上，右掌心朝上。同時，右腳橫腳用腳掌向前搓踹甲方右小腿迎面骨，左腿站直。目視甲方頭部（圖153）。

圖153

甲方：右腳向後退一步躲過乙方右腳搓踹，雙腿左屈右直成左弓步。右拳由腰間向上迎架乙方左掌腕至頭前上方，左拳向下、向後屈肘抱至左腰間，兩拳心均朝上。目視乙方（圖154）。

圖154

69.白猿獻果

乙方：右腳震腳落地，左腳向前邁一步落地，雙腿左屈右直成左弓步。左掌向下、向左撥掛甲方右拳後，向下與右掌一起向下、向前撩掌，掌心斜朝前下。目視甲方（圖155）。

圖 155

甲方：左腳向後退一步落地，腿即蹬直，右腿屈膝。雙拳變掌，右掌向下，左掌向前，雙掌同時向下、向外（左掌向左、右掌向右）分掛乙雙掌，掌指均朝下。目視乙方（圖156）。

圖 156

70.老僧推門

甲方：步型不
變。雙掌臂內旋變
掌指朝上屈腕成立
掌向前猛推乙方胸
部。目視乙方頭部
（圖157）。

圖 157

乙方：上身後
縮，雙掌向裡（左
掌右、右掌左）、
向上、向外分臂挑
架甲方雙掌腕。步
型不變。目視甲方
（圖158）。

圖 158

71.金剛撞掌

乙方：右掌屈
腕成立掌向前猛力
推擊甲方胸部，左
掌至左胸前。步型
不變。目視甲方
（圖159）。

圖 159

甲方：右掌屈
腕成立掌向前撞擊
乙方右掌，左掌至
左胸前。步型不
變。目視乙方（圖
160）。

圖 160

72.抽撤連環

甲方：右腳向後
退一大步落地，左腳
向後滑半步，雙腿屈
膝，左腳尖著地成左
虛步。雙掌屈肘左前
右後立身前，掌指均
朝上。目視乙方（圖
161）。

圖 161

乙方：右腳後退
一大步，左腳隨即後
滑半步，雙腿屈膝，
左腳尖著地成左虛
步。雙掌左前右後立
身前，掌指均朝上。
目視甲方（圖
162）。

圖 162

收　勢

①甲、乙雙方身
體同時右轉，左腳向
右腳靠攏，雙腳併步
站立。同時，雙掌臂
外旋回收兩腋前，用
掌指向身體兩側揮擊
同腰高時，直臂向上
至頭上方向下經胸前
按掌至腹前，掌指相
對，掌心朝下。目視
前方（圖163）。

圖 163

②雙掌向下貼於
兩大腿外側。目視前
方（圖164）。

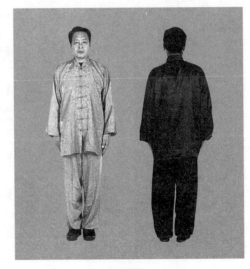

圖 164

第三節　三十六擒拿手

動作名稱

預備勢

第一段

1. 黃鷹抱爪
2. 金絲纏腕
3. 金雞掐嗉
4. 霸王滾肘

第二段

5. 順手牽羊
6. 飛鷹落架
7. 順水推舟

第三段

8. 小纏絲拿
9. 巧婦卷簾
10. 大纏絲拿

第四段

11. 犀牛望月

12. 二龍搶珠
13. 懷中抱月
14. 霸王開弓

第五段

15. 野馬撞槽
16. 鳳凰展翅
17. 倒撞金鐘
18. 黃龍轉身

第六段

19. 張飛敬酒
20. 霸王扶犁
21. 蒼鷹落架
22. 霸王舉鼎

第七段

23. 樵夫扛柴
24. 梁王摘盔
25. 雙龍探海

動作圖解

預備勢

①甲、乙雙方同一方向站立，雙手五指併攏，直臂下貼於兩大腿外側。相距約一步左右。目視前方（圖1）。

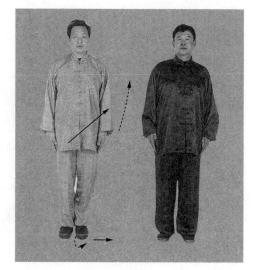

圖1

②甲方：身體向左轉90°，右腳向後退一步落地，右腿屈膝，左腳前掌著地成左虛步。與轉身退步同時，雙手成掌向前、向上屈腕挑指成立掌，左掌至身前，右掌至胸前，臂屈肘，左掌心朝右，右掌心朝左，掌指均朝上。目視乙方（圖2）。

圖2

乙方：身體向右轉90°，右腳向後退一步落地，右腿屈膝半蹲，左腳前掌著地成左虛步。與此同時，雙手成掌向前、向上屈肘、屈腕挑指成立掌，左掌至身前，右掌至胸前，左掌心朝右，右掌心朝左，掌指均朝上。目視甲方（圖3）。

圖3

第一段

1.黃鷹抱爪

甲方：①身體重心前移至左腿，右腿提起，右腳向左腳處跳一步落地，左腳同時向前跳一步，雙腿左腿屈膝右腿伸直成左弓步。左掌向前、向左、向下抄挒乙掌腕，掌背朝上。目隨左掌（圖4）。

圖4

②上動不停，右腳向前邁一步落地，腿即屈膝，左腿伸直。同時，右掌變爪，向前抓擊乙方胸部膻中穴，爪背朝後，虎口朝左；左掌屈肘收至腹前，掌心朝下，掌指朝前。目視乙方（圖5）。

圖5

乙方：左腳後退一步落地，雙腿右屈左直成右弓步。右掌向上、向左扣抓甲方右掌背，虎口朝上，左掌向上、向右

推擠甲方右掌根及小
指側，雙掌環抱右
搬，使甲方右腕小指
側朝上。隨即，雙肩
下沉，雙掌腕用力下
壓。目隨雙掌（圖
6）。

【要點】：乙方
雙掌抱腕要快，擠腕
要緊，向下扣壓時上
身稍前傾，雙臂同時
用力。

圖6

2.金絲纏腕

①甲方：右臂外
旋屈肘後拉，左掌由
腹前向上、向右、向
下猛力拍擊自己右前
臂，使雙掌同時收至
胸前成立掌，左掌在
前，右掌在後。

乙方：雙掌速變
立掌分前後立於胸
前，左掌在前，右掌
在後。互視對方（圖
7）。

圖7

②甲方：右掌
變爪，上身前探，
右爪向上、向前探
抓乙方面部，臂伸
直，虎口朝左；左
掌屈肘後收至胸
前，掌心朝下，掌
指朝前。目視乙方
面部（圖8）。

圖8

乙方：右掌向
上、向右用力刁抓
甲方右爪腕，掌心
朝下，虎口朝前。
目隨右掌（圖
9）。

圖9

③甲方：左腳向前邁一步落地，腿即屈膝，右腿伸直。左掌由腹前向上、向前扣抓乙右手背，指尖朝右。雙掌同時外旋，使乙方右小指側朝上，隨即雙掌用力向下纏壓之。目視乙方右掌（圖10）。

圖 10

乙方：身體向左轉 180°，右臂內滾，並用力向前牽拉，以化解甲方纏壓之勢。同時，右腳向前邁半步落地。左掌稍前舉，變為卸骨手（圖11）。

【要點】：甲方右手接拿乙方右掌腕要快準，左掌抓扣乙方掌背要緊，雙手向右纏拿兩臂用力要勻，全部動作要連貫協調，力點達一。

圖 11

3.金雞掐嗉

乙方：身體繼續左轉，左腳向右前方上半步，雙腿左屈右直成左弓步。左手向上、向前扣掐甲方喉頭部位，虎口朝上。目視甲方喉頭（圖12）。

圖 12

甲方：雙手速放鬆乙方之右掌，左掌後收上擺，扣抓乙方左手腕，掌心朝下，虎口朝前，右掌向乙方左腕方向弧形擺動。目視乙方左掌（圖13）。

【要點】：乙方轉身要快，上步要急，掐嗉要狠、準，要運用全身之力。

圖 13

4.霸王滾肘

甲方：右腳向前邁一步落地，腿即屈膝，左腿挺膝伸直成右弓步。右掌抓緊乙方左腕根部，身體微左轉，雙手同時用力向乙方左肩方向纏擰，同時，右肘向乙方左肘關節部擺動，並使肘尖壓於乙方肘關節部位，隨即左腕上撅，右腕、右肘用力下壓之。目視乙方左肘關節（圖14）。

圖 14

乙方：右腳向左前方上步，雙腿右屈左直成右弓步。上體稍左轉，右手由下向上、向前扣抓甲方右手腕，並用力上提，以解脫甲方之滾拿下壓之勢。目視甲方右腕（圖15）。

圖 15

【要點】：甲方右掌抓拿乙方左腕關節要準，並用力握緊，防止其掙脫。同時纏擰上肘要快，下壓時全身用力。

第二段

5.順手牽羊

甲方：右掌立起，用掌沿向外格擊乙方右腕，掌心朝前，虎口朝左。目視乙方（圖16）。

圖 16

乙方：右掌稍外旋，抓握甲方右掌食、中二指。身體稍左轉，左腳向後退一步落地，腿即屈膝，右腳尖著地成右虛步。同時，全身下沉，右掌用力向前下方拉、壓、撅甲方食指和中指，掌心朝左，虎口朝上。目視甲方右掌（圖17）。

圖 17

【要點】：乙方抓指要靈、巧、快、準，轉身、退步拉撅指要連貫。

6.飛鷹落架

甲方：①身體稍左轉，左腿屈膝半蹲，右腳向左移在左腳內側落地。同時，左掌向前扣抓乙方右掌虎口，掌心朝右；右掌掌心附貼至乙方右拳拳面，拇指緊扣乙方右拳背，虎口朝右，掌心朝前。目視乙方右手腕（圖18）。

圖18

②上動不停，身體直起，重心移於右腿，左腳向前邁一步落地，雙腿左屈右直成左弓步。目視乙方（圖19）。

圖19

乙方：右腳向後退一步落地，雙腿左屈右直成左弓步。同時左掌由甲方右肩下向前、向上扣抓甲方左肩，並用左臂將甲方右肘頂起，化解甲方外掰之勢，掌指朝前，掌心朝下。目視甲方左肩（圖20）。

【要點】：甲方左掌抓腕要準，要緊，右掌翻腕要快。動作突出外掰，勿用捲攦。

圖20

7.順水推舟

甲方：左掌後收右上舉，由上向下、向外格擊乙方左前臂，掌心朝前，虎口朝上；右掌後收至右腰前，掌指朝前，虎口朝左。目視乙方左前臂（圖21）。

圖21

乙方：右腳經左腿內側向前上一步，腳尖內扣落地，身體向左轉90°，雙腿屈膝半蹲成馬步。與此同時，左掌刁抓甲方左腕，臂外旋向下、向左後方用力牽拉，右掌速抓甲方左臂肘關節部位。隨即，雙手同時用力向前下方

圖22

掐、按、壓之，右掌虎口朝左，掌心朝下。目視甲方左肘尖（圖22）。

【要點】：乙方抓腕要準，後拉要快。擰身、圈步、刁抓及掐、按、壓要一氣呵成。

第三段

8.小纏絲拿

甲方：左掌屈肘臂內旋挺腕反抓乙方左掌腕，右掌向前扣抓乙方左掌背。左腳向前邁半步，右腳隨即向前邁一步，腳尖左扣落地，身體向左後翻轉，雙腿左屈右直成左弓步。右掌下壓左推，左掌臂屈肘外旋，使乙方左掌虎口向下，雙掌同時用力向左下方纏擰推壓。目視乙方左手腕（圖

23）。

乙方：左臂屈肘內旋，左掌挺腕屈指，化解甲方纏拿之勢；右掌由右腰前向上、向前刁抓甲方右腕，虎口朝前，掌心朝下。隨即，左腳後退一步落地，腿伸直，右腿屈膝成右弓步。右臂用力向後拉帶甲方右手腕，左手收至腹前。目視甲方右腕（圖24）。

【要點】：甲方轉身要疾，翻腕、扣腕要巧，向下、向外纏壓時要借轉身之力，用力要猛、快、準、狠。

圖23

圖24

圖 25

9.巧婦卷簾

甲方：右腳經左腿內側向前上一步，雙腿右屈左直成右弓步。左掌由腹前向上、向右、向前扣拿乙方右掌虎口部位，掌心朝下。右臂外旋，右掌扣抓乙方右掌小指側部位，掌心朝前，虎口朝右上。左臂外旋，右臂內旋，使乙方右掌心向上平舉，隨之，向乙方右臂前下方用力下壓屈卷，雙掌心相對。目視乙方（圖25）。

乙方：右腳向後方退一步，左腿屈膝半蹲，右腿伸直成左弓步。同時，右臂屈肘內旋，左掌由下向上、向前扣抓甲方右腕，並用力上提，借身體後退之力向後将帶，右掌收至右腰間。目視甲方右腕（圖26）。

【要點】：甲方抓乙方右腕時要擠緊，屈卷時雙腕同時用力，全身下沉，雙掌小指扣緊乙方右腕根部下壓，雙拇指

圖 26

置於右掌背向前卷、
壓、推、送。

10.大纏絲拿

甲方：

①身體重心移至
右腿，左腿屈膝提
起，左腳向右腳內側
震腳落地。左掌由左
下方向右、向上、向
前扣抓乙方左掌背，
掌指扣抓乙方左掌小

圖 27

指側，拇指抓緊虎口，掌心向右。目視乙方右手腕（圖
27）。

②右腳向前上一步
落地，腳尖內扣，身體
稍左轉，雙腿屈膝成馬
步。與上步轉身同時，
左掌向左扳擰乙方左掌
背，右臂屈肘經乙方左
臂上方向左前方推送纏
繞，至乙方左掌虎口朝
下時，左掌向體前下方
扣搋乙方左腕，右前臂
緊貼乙方左手腕根部，
左掌右臂同時用力向下
纏壓。右肘尖對準乙方
鼻尖。目視乙方左手腕
（圖 28）。

圖 28

乙方：左腳向後退
一步落地，雙腿右屈左
直成右弓步。同時，左
臂屈肘外旋，用力向後
捋帶，化解甲方纏拿勢
後收至腹前，掌心朝
下，虎口朝右；右掌由
下向前、向上推擊甲方
右肘尖，欲使甲方全身
失去平衡，掌心朝前，虎口朝左。目視甲方右肘（圖
29）。

圖 29

【要點】：甲方上步轉身要快，扣腕上肘同時完成。大纏絲拿要用轉身旋轉之力。

第四段

11.犀牛望月

乙方：左腳向前邁一步落地，雙腿左屈右直成左弓步。右掌五指張開，拇指朝左，其餘四指朝右，向前、向上卡掐甲方雙腮，虎口朝上；左掌向上、向前按壓甲方頭頂百會穴，虎口朝右後方。雙臂屈肘，同時用力向右前方推擰甲方頭部。目視甲方頭部（圖30）。

圖30

甲方：以雙腳前掌為軸碾地，身體迅速向左後翻轉180°。同時，右掌向上托抓乙方右手腕，並上舉過頭頂，掌心朝上，虎口朝後。目視乙方右掌（圖31）。

圖31

【要點】：乙方扳撐甲方頭部時雙手上按下托，擠緊掐牢。用力要快、猛，運用全身之力。

12.二龍搶珠

甲方：左腳尖外碾，右腳經左腳內側向前上半步，腳尖內扣落地，身體繼續左轉180°，左腳向後退一步落地，左腿伸直，右腿屈膝。伴隨轉身退步，右臂內旋（使乙方右掌心向體前下方）向胸前下落，左掌向上扣抓乙方右掌根部，雙掌擠緊乙方右掌腕，用力向下撅壓，上身微前下傾。目視乙方右手腕（圖32）。

乙方：右腳向前上一步落地，腿即屈膝，左腿伸直。身體稍前傾，右臂屈肘提腕，化解甲方雙掌下壓撅拿之勢，左掌由左向前摘拿甲方右手腕，掌心朝下，虎口朝後。目視甲

圖32

方（圖33）。

【要點】：甲方
轉身要快，雙掌抱擠
乙方掌要緊，撅壓要
狠。轉體、抱抓、下
撅要同時完成。

13.懷中抱月

乙方：左腳向前
邁一步落地，腿即屈
膝，右腿伸直。同
時，左掌將甲方右手
腕上提並向外掰擰，
使甲方右掌掌心朝
上，自己掌心朝左，
虎口向上，右掌五指
張開，臂外旋抱抓甲
方右掌小指側，掌心
朝左，虎口朝上。雙
掌掌心相對，擠緊抱
實甲方右掌，向甲方
右臂右下方快速推錯
卷壓。目視甲方右掌
腕（圖34）。

圖33

圖34

圖35

甲方：右腳向後退一步落地，左腿屈膝，右腿伸直。隨右腳後退步，左掌由左下方向上、向右、向下快速劈擊乙方右掌腕後，按於左腰側，掌心朝下，虎口朝右，右掌屈肘用力後帶乙方左臂。目視乙方左手腕（圖35）。

【要點】：乙方摘拿甲右手腕時要快，扣拿腕關節要準，雙手卷錯時先將甲方右腕捋帶至胸前後卷錯之，卷錯時身宜下沉，稍前傾。

14.霸王開弓

乙方：上動不停，右掌後收躲過甲方右掌下劈後，向上、向前扣抓甲方右肘關節，並向右上方斜拉上掀；左掌隨甲方右臂前行，並繼續向前推送，使甲方右臂屈肘，肘尖朝下，隨之向左下方外擰下扳甲方右手腕關節。同時，右腳向前邁一步落地，腿即屈膝，左腿伸直。目視甲方右肘（圖

36）。

甲方：左掌
向上、向前用力
挑擊乙方右前臂
後，向下拍擊自
己右前臂，隨即
雙掌同時後收，
左掌至右肩前，
右掌落至右腰
間，左掌心朝
下，右掌心朝
上，掌指均朝
前。在雙掌動作
的同時，左腳向
後退半步，右腳
尖著地成右虛
步。目視乙方
（圖37）。

【要點】：
乙方左掌抓甲方
右腕要快，外擰
要猛，右掌扣甲
方右肘關節要
準、上掀要狠。

圖 36

圖 37

左掌外擰下扳、右掌斜拉上掀要同時完成，形成開弓之勢。

圖 38

第五段

15.野馬撞槽

乙方：左腳向前邁一步落地，腳尖著地，雙腿屈膝成左高虛步。伴隨左腳向前邁步，左掌直臂向前抓拿甲方右耳根穴，掌心朝右，虎口朝上；右掌後收至小腹前，掌心朝左，掌指朝前。目視甲方頭部（圖 38）。

甲方：左掌向右擺舉，托架刁抓乙方左手腕，並用力外旋，向胸前屈肘拖帶，使乙方左掌心朝上。右掌屈肘向左前方擺動，經乙方左前臂下向左抱抓乙方左手腕，並用右肘頂至乙方左肘下方。雙掌緊抱乙方左手腕，右肘由乙方左肘下用力向上挑頂。與此同時，右腳向前上一步，腳尖內扣落

地，身體稍左轉，雙腿屈膝半蹲成馬步。目視乙方左肘（圖39）。

【要點】：甲方左掌托腕時要快要準。向左下方挒帶時要用抖勁，並使乙方左臂伸直。挑肘時要狠、要猛，要用爆發力。

16.鳳凰展翅

乙方：左臂屈肘內旋化解甲方頂肘勢後，左掌向上、向前直臂扣抓甲方左肩肩井穴，掌心朝下，掌指朝前。右掌向上、向前推擊甲方右肘關節部位，掌心朝前，虎口朝左。隨即，左臂屈肘用前臂向前、向上推托甲方喉頜部位。目隨左前臂（圖40）。

甲方：右臂屈肘，用前臂向上至頜前托架乙方左前臂，左掌向身

圖39

圖40

後直臂反舉成勾手，勾尖朝上。同時，身體左轉，雙腿左屈右直成左弓步。目視乙方（圖41）。

圖41

【要點】：乙方推肘、旋腕同時進行，發力要整、要脆。左掌抓甲方左肩時，掌心懸空，五指用力下掐，使甲方全身震動。右前臂推托甲方喉頜，要猝然有力。

17.倒撞金鐘

乙方：右掌心朝上向前撩抓住甲方後腰帶，猛力向後牽拉。同時，左腳向後退一步落地，右腿屈膝左腿伸直成右弓步。左掌屈肘後收至腹前，掌心朝下，掌指朝前。目視甲方（圖42）。

圖42

甲方：身體向右轉，雙腿屈膝成馬步。右掌變拳，屈肘下落至胸前用肘尖向右挑擊乙方右肘，左掌屈肘推抱至右拳面之上。目隨右肘尖（圖43）。

【要點】：甲方轉身、挑肘要同時完成，快速有力。

圖43

18.黃龍轉身

乙方：右腳向後退一步落地，雙腿左屈右直成左弓步。在右腳後退的同時，右掌速放開抓甲方後腰帶，屈肘向後、向右刁抓甲方右拳腕，外旋後拉，使甲方右臂伸直，左掌由下向上緊抓甲方右拳面，虎口朝右，雙掌同時用

圖44

力，向甲方右臂右下方推擰下壓。目視甲方右拳（圖44）。

圖45

　　甲方：身體重心後移右腿，雙腳以前掌為軸碾地，身體
向左後翻轉180°，左腳向前邁一步落地，雙腿左屈右直成
左弓步。伴隨轉身上步，右掌直臂反舉化解乙方雙掌抱壓
後，虎口張開，直臂向前托擊乙方喉頜部位，掌心朝前，虎
口朝上；左掌變勾手，直臂勾掛至身後，勾尖朝上。目視乙
方喉部（圖45）。

　　【要點】：乙方拿腕要準，卷擰速度要快。甲方轉身要
快，步靈身輕，托擊要狠、猛。

第六段

19.張飛敬酒

　　乙方：上身稍後仰，左掌向上刁拿甲方左腕，掌心向

下，虎口朝前；右掌由前經甲方左臂下方向右、向上、向前反掐甲方喉部，掌心朝上，虎口朝前。同時，右腳向前邁一步落地，身體左轉，雙腿屈膝成馬步。目視甲方喉部（圖46）。

甲方：上身稍後仰，右掌向上托抓乙方右手腕，並向胸前方向推送，臂外旋屈肘後收，左掌向左上方扣抓乙方右肘關節部位，掌心朝上，虎口向前。目視乙方右肘部（圖47）。

【要點】：乙方刁腕、後帶、上步、反鎖喉要同時完成，連貫、協調。鎖喉要快、準、狠。

圖46

圖47

20.霸王扶犁

甲方：左腳向後
退一步落地，右腿屈
膝左腿伸直成右弓
步。同時，右掌向左
後方扳擰乙方右掌
腕，掌心向左後方，
虎口朝上；左掌向右
方推送乙方右肘，掌
心朝上，虎口朝前。
目視乙方右肘（圖
48）。

圖48

乙方：左腳向前
邁半步，右腳向前跟
移，雙腿屈膝成右跪
膝步。同時，右臂內
旋屈肘下擺，左掌向
上至頭前上方用力向
下劈砍甲方右掌腕，
掌心朝右。目視甲方
右手腕（圖49）。

【要點】：甲方
上托抓腕同時完成，
擰腕要急，推肘要
快，一擰一推形成合力。

圖49

21.蒼鷹落架

乙方：左腳向前邁半步落地，腿即屈膝，右腿伸直。與左腳前邁同時，雙掌後收至胸前，向上、向前探抓甲方雙肩肩井穴，臂伸直，掌心均朝下，虎口均向內。目視甲方面部（圖50）。

圖50

甲方：左掌由前向上、向左猛力挑開乙方右臂掌後，屈肘向右、向下至右肩上扣抓乙方左掌背，虎口朝後。右掌向後、向下、向上經乙方左臂上向左繞行至左胸前，並以右肩窩為力點，向下、向左纏壓乙方左掌腕。在上述動作的同時，身體左轉，右腳後退至左腳內側，腳尖點地，雙腿屈膝成右丁步。目視乙方（圖51）。

圖51

【要點】：甲方左
掌扣抓乙方左掌要快、
要緊，退步、繞臂、纏
壓要連貫、協調，既要
用力，還要用巧力。

22.霸王舉鼎

乙方：

①右掌向下、向
左、向前推撞甲方右
肘，臂伸直，虎口朝
上；左掌外旋扣抓甲方
左掌腕，掌心朝後，虎
口朝上。目視甲方右肘
（圖52）。

圖52

②右腳向前上一
步，腳尖內扣落地，雙
腿屈膝成馬步。同時，
左掌向左肩前将帶甲方
右臂，右臂屈肘後收至
甲方左臂肘關節下方，
隨即右掌向前、向上推
托甲方左臂肘關節，掌
心朝上，虎口朝左。目
視甲方左肘部位（圖
53）。

圖53

圖54

甲方：右腳全腳掌踏地，左腳向左後方退一步落地，雙腿右屈左直成右弓步。隨著左腳後退步，左臂屈肘用肘尖下砸乙方右掌心，右掌由右向左推抓乙方右手腕，虎口朝上。目視乙方右手腕（圖54）。

【要點】：乙方翻手腕要快，捋臂要急，托臂借轉身之力。

第七段

23.樵夫扛柴

甲方：右腿屈膝提起，全腳掌向左腳前震腳落地，左腳隨即經右腿內側向前邁一步，腳尖右扣落地，身體右轉，雙腿屈膝成馬步。同時，左臂經乙方右臂下向前、向上纏繞挾

緊乙方右上臂，用臂根向上頂扛。目視乙方右臂（圖55）。

乙方：右臂外旋屈肘後拉，化解甲方頂扛之勢，左掌由左向右、向上至頭前方時，用力向下拍擊甲方左前臂後，雙掌屈肘右前左後立於身前，掌指均朝上。身體重心後移，右腳後移半步，雙腿屈膝，右腳尖著地成右虛步。目視甲方（圖56）。

【要點】：甲方推抓乙方手腕關節要準，擰身上步要快。頂扛時力小者可用肩上扛，力大者可用上臂上扛。右掌抓乙方右手腕一定要緊，並向左方捋帶，左臂纏繞挾擠要緊，使乙方右臂關節挺直。

圖55

圖56

24.梁王摘盔

乙方：左掌繼續向前、向上按抓甲方頭髮並向後拉拽。同時右腳後退一步落地，雙腿左屈右直成左弓步。右掌隨身後退，並內旋向胸前平擺，掌心朝下，虎口朝左。目視甲方（圖57）。

圖57

甲方：右腳向前邁一步落地，腿即屈膝，左腿伸直。左掌由前向上、向後扣抓乙方左掌背，拇指抓虎口，餘四指抓緊小指側。右掌向上、向後推抓乙方左掌背，掌根推擠小指側，掌指附在自己的左掌背上。雙掌擠緊抱牢，與頭同時用力向左前下方旋擰搣壓。目視前下方（圖58）。

圖58

【要點】：甲方雙
掌抱擠乙方左掌腕要
牢。甩頭撅壓同時完
成，既有力降，又有巧
拿。

25.雙龍探海

乙方：上動不停，
右掌臂外旋向前、向上
撩擊甲方左掌腕後收至
胸前，左掌落至胸前與
右掌交叉，右掌在上，
雙掌同時向甲方胸部抓
擊，並用力向後捋帶，
肘屈，掌背朝後。左腳
同時向後退一步落地，
腿即伸直，右腿屈膝。
目視甲方胸部（圖
59）。

甲方：右掌上舉至
臉前向下劈砸乙方左掌
腕關節後，向上扣抓乙
方右手腕，並用力向右
後方向掰擰，使乙方右

圖 59

圖 60

掌心向上。左掌向右、向上擠抓乙方右掌虎口。雙掌用力向
前下方錯壓。目視乙方右手腕（圖 60）。

【要點】：甲方
劈腕要快、要狠，雙
掌抱腕、擰腕、翻腕
同時完成，錯腕時發
力要整、要脆。

26.暗渡陳倉

乙方：上動不
停，雙腳以前掌為軸
碾地向左轉 220°左
右，右腳向前邁一步
落地，腿即屈膝，左
腿伸直。與轉身上步
同時，左掌變爪，直
臂反臂向後撩抓甲方
左肋，爪心朝上。目
視甲方左肋（圖
61）。

甲方：上動不
停，雙掌速放開乙方
右掌，向左抓乙方左
爪，左掌抓緊小指
側，右掌擠抓虎口，
雙掌虎口均朝上，雙

圖 61

圖 62

掌擠緊同時用力向左後方向擰轉。同時，右腳向前上一步落
地，腿即屈膝，左腿伸直。目視乙方左爪（圖 62）。

【要點】：乙方上步要快，轉身要急，撩抓要出其不意，甲方雙掌抱腕要準、要狠，外擰要用寸勁，身體稍前傾。

第八段

27.金雞剪絞

乙方：右腳向後退一步，於甲方兩腳中間落地，身體向右後轉約 220°，右腿屈膝，左腿伸直。隨退步轉身，右掌變爪向上、向前抓擊甲方面部，爪背朝後；左掌隨轉身平擺至胸前，掌心朝前，虎口朝右，目視甲方面部（圖 63）。

甲方：右腳向後退一步，身體向右轉 90°，雙腿屈膝成馬步。同時，雙掌交叉向右上方接抓乙方右掌，左掌在上，

圖 63

扣抓乙方右掌指，右掌扣抓乙方右前臂，並向胸前拉帶，右掌臂外旋向右、向下，左掌臂內旋向上，左肘頂壓乙方右肘，雙臂屈肘用力向前下方纏絞下壓。目視乙方右手腕（圖64）。

【要點】：乙方退步要快，轉身要急，抓擊要狠。甲方雙剪手剪按乙方掌腕部位要準確，纏、剪下壓要巧用，退步、轉身、剪絞、下壓同時完成。

圖64

28.韓信授印

乙方：上動不停，左掌直臂向前抓緊甲方右掌掌指，並用力向前上方推錯握搣指尖，使甲方右掌

圖65

指極度卷屈；右掌外旋屈肘後收至右腰間，掌心朝左，掌指朝前。目視甲方右掌腕（圖65）。

甲方：上動不停，左掌向上至臉前方時，向下劈擊乙方右掌腕後，變勾手向身後直臂反舉，右掌臂內旋向前扣抓乙方中心帶，並隨身退向後拉帶。同時，身體稍左轉，左腳向後退一步，雙腿右屈左直成右弓步。目視乙方（圖66）。

圖66

乙方：左腳向前邁一步落地，右腿屈膝上提向左腳內側震腳落地，雙腿屈膝半蹲。同時，雙掌抱抓甲方右掌用力向下搬壓。身稍前傾，全身下沉。目視甲方（圖67）。

圖67

【要點】：乙方雙掌抓腕要快，抓拿部位要準確，屈膝下蹲與搬壓同時完成，兩掌用力一致，全動突出快、猛、狠。

29.小鬼推磨

①甲方：上動不停，右腳向後退一步落地，腿即伸直，左腿屈膝成左弓步。與此同時，左勾手變掌，由身後向上、向前、向下直臂用力弧形拍擊自己右前臂後，雙掌屈肘後收至腹前，掌心朝下，掌指朝前。目視乙方（圖68）。

圖68

乙方：左掌向前直臂推抓甲方面部，掌背朝後，虎口朝右；右掌臂外旋後收至右腰間，掌心朝下，掌指朝前。在雙掌動作的同時，左腳向前邁一步落地，腿即屈膝，右腿伸直。目隨左掌（圖69）。

圖69

②甲方：右掌向上至臉前迎架乙方左掌腕，掌心朝前；左掌向前直臂撩抓乙方襠部，掌心朝上。目隨左掌（圖70）。

乙方：左掌向右、向上纏抓甲方左掌背，使甲方左掌虎口朝上，並向左帶，使甲方左臂伸直；右掌屈肘用力推撞甲方左肘關節，虎口朝左，掌心朝前。同時，右腳向前邁一步，腳尖內扣落地，身體左轉，雙腿屈膝成馬步。目視甲方左肘（圖71）。

【要點】：乙方抓腕部位要準，反刁要快，圈步要急，推撞要狠。

圖70

圖71

第九段

30.浪子脫靴

①甲方：左掌臂外旋屈肘後拉，化解乙方推撞之勢，右掌側舉，虎口朝前，掌指朝上。與此同時，左腳向後退半步，左腿站直，右腿提起，右腳向前彈踢乙方小腹，腿伸直，腳面繃平，力達腳尖。目視乙方小腹部（圖72）。

圖72

乙方：身體重心後移左腿，右腳蹬地後移半步，腳尖著地，雙腿屈膝成右高虛步。隨著右腳後移，雙掌臂屈肘後收腹前向下拍擊甲方右腳面後，左掌抓擊甲方右腳跟部，掌心向後，虎口朝上，右掌扳抓甲方右腳內側及腳尖

圖73

部，掌心朝左前，雙掌同時用力，向左下方扳擰。目視甲方右腳（圖73）。

②甲方：上動不停，右腳快速屈膝後拉，並用力向下踩踏地面，左腳隨即向前邁一步落地，雙腿成左弓步。同時，雙掌變拳向前、向內弧形貫擊乙方雙耳部，拳心向下。目視乙方頭部（圖74）。

乙方：上動不停，右腳向後退一步落地，雙腿左屈右直成左弓步。同時，雙掌向上至臉前向外（左掌向左、右掌向右）格搪甲方雙前臂，掌心朝前，掌指朝上。目隨雙掌（圖75）。

【要點】：甲方左腳後退要快，右腳彈踢要快速有力。乙方雙掌下拍甲方右腳面要快速，掐拿腳的部位要準確、有力。

圖74

圖75

31.金絲纏葫蘆

乙方：上動不停，右掌臂內旋向下、向前直臂探抓甲方胸部，虎口朝左；左掌屈肘下落至腹前，掌心朝下，虎口朝右。目視甲方胸部（圖76）。

圖76

甲方：左掌由上向下、向左劈砍甲方右前臂。右腳向前邁一步，雙腿右屈左直成右弓步。隨腳前邁步，右掌向前、經乙方後頸部向左纏抓乙方頷腮，並用力向右後扳擰。目視乙方（圖77）。

【要點】：甲方纏抓乙方下頷要快、要緊，纏擰時要有抓、托、卡、纏、擰五種勁力。

圖77

32.王小臥魚

乙方：右掌由下向上屈肘扣抓甲方右手腕，掌心向裡，並向前推送下壓；左掌由下向上扣抓甲方肘關節部位，掌心朝上。與雙掌動作同時，左腿向後退一步，雙腿右屈左直成右弓步。目視右肘關節（圖78）。

圖78

甲方：右腳向後退一步，腳尖外碾，身體右轉，雙腿屈膝半蹲成馬步。伴隨退步轉身，左掌心向上推抓乙方左手腕，並用力向左捋帶，右掌臂內旋屈肘後收，下按於右腰側，掌心朝下。目視乙方（圖79）。

圖79

【要點】：乙方抓腕要準、要狠。左掌上托、右掌下壓要配合好。

第十段

33.走馬上任

乙方：左掌臂內旋扣抓甲方左掌腕，並向左前拉帶。左腳向前半步震腳落地，右腳隨即向前一步，身體左轉，雙腿屈膝成馬步，右腿擠緊甲方左膝膕窩處。右掌經甲方左臂下向前、向右、向後用力纏撥甲方腰部。目視甲方（圖80）。

圖 80

甲方：左掌臂內旋經身體左側反臂後舉，右掌屈肘向左扣抓乙方右手腕，向後捋帶，向前下撅壓，掌心朝下。同時，身體稍左轉，左腳向後方退步，挺膝伸直，右腿屈膝成右弓步。目視乙方（圖81）。

圖 81

【**要點**】：乙方翻腕帶臂要快速有力，上步轉身要急速，纏擰時身體要下沉，全身有力。

34.漁翁搬槳

乙方：身體稍右轉，左腳向前邁一步，腿即屈膝，右腿伸直。同時，右掌屈肘上提，向外扣抓纏擰甲方右手腕，使甲方右掌心向上，自己虎口朝前；左掌由左向右、向上、向下推壓甲方右肘，掌心朝下，虎口向右。目視甲方右肘（圖82）。

圖82

甲方：

①以雙腳前掌為軸碾地，身體向左轉180°，雙腿左屈右直成左弓步。左掌屈肘擺至胸前，掌心朝右，虎口朝上。目視乙方（圖83）。

②身體重心後移右腿，左腳後移半步，腳尖著地成左虛步。上身稍左轉，左

圖83

肘向左後方撞擊乙方左肘關節，左掌砍擊乙方右手腕。右掌向下、向胸前甩擺，掌心朝左，掌指朝上。目隨左掌後視（圖84）。

【要點】：乙方提腕、擰腕、扣腕要快，纏壓雙臂同時用力。甲方轉身、屈肘要快。

圖84

35.天王托塔

乙方：雙掌屈肘後收，左掌在前，右掌在後，掌心均朝下。身體重心後移右腿，左腿後退半步，雙腿屈膝，左腳尖著地成左虛步。以躲脫甲方左肘頂掌砍。隨即左腳向前上步，腿即屈膝，右腿伸直。

圖85

左掌同時向上、向前推抓甲方後背，掌指朝上。目隨左掌（圖85）。

圖 86

甲方：左腳向前邁半步，擺脫乙方左掌推抓。隨即以雙腳前掌為軸碾地，身體向右轉 180°，雙腿右屈左直成右弓步。同時，右掌向右、向下、向上纏繞乙方左前臂，使乙方左肘尖向下，左掌屈肘向右抓托乙方臂肘關節，掌心向上，虎口朝前。雙臂掌用力纏緊乙方左臂，向前上方托撩。目視乙方左臂肘（圖 86）。

【要點】：甲方轉體要快，托撩時雙臂用力要勻，並用右上臂挾緊乙方左臂，防止其掙脫。

36.童子拜佛

①乙方：左臂內旋，屈肘後收，化解甲方雙臂纏擰托撩之勢。右掌臂外旋向前、向上插擊甲方喉頭，臂伸直，掌心朝下，左掌下落至左腰間，屈肘掌心向下。目視甲方喉部（圖 87）。

圖 87

圖 88

甲方：雙掌向胸前平擺後向上接抱乙方右掌腕，拇指擠緊掌背，小指扣緊掌根，向乙方右前下方用力推撅。目視乙方右手腕（圖88）。

②乙方：上動不停，左掌向右、向下猛力拍擊自己的右前臂，掙脫甲方雙掌攦拿，雙掌屈肘後收至身前，左前右後成立掌，掌指均朝上。同時，身體重心後移右腿，左腳後移半步，雙腿屈膝左腳尖著地成左虛步。目視甲方（圖89）。

圖89

甲方：右腳經左腿內側向後退半步，雙腿屈膝左腳尖著地成左虛步。雙掌左前右後屈肘立於胸前，掌指均朝上，掌心均朝內。目視乙方（圖90）。

圖90

③甲方：身體右轉 90°，左腳與右腳靠攏併步。同時，雙掌由身前向下、向外（左掌左、右掌右）經身兩側向上直臂弧形繞行頭上方，屈肘經臉前向下按掌至腹前，掌指相對，掌心均向下。頭向左轉，目視右方（圖 91）。

圖 91

乙方：身體左轉 90°，右腳向左跨半步與左腳併步。同時，雙掌由身前向下、向外（左掌左、右掌右）經身兩側向上直臂弧形繞行至頭上方，屈肘經臉前向下按掌至腹前，掌指相對，掌心均向下。頭向右轉，目視右方（圖 92）。

圖 92

收 勢

甲、乙雙方均兩掌直臂向下貼於兩大腿外側。頭轉正，目視前方（圖93）。

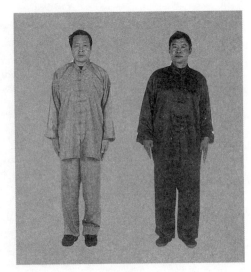

圖93

　　李玉川，河北省滄州市青縣人，1951 年生。雖嗜拳術，又喜文墨。8 歲始從名師學練迷蹤拳，數十年練功不輟。博學多求，勤練通研，先後向孟村、青島等地師友學習八極拳、八卦掌、意拳（大成拳）。同時，重視對武術理論的研究，閱讀了大量武術書刊和史料，寫下了很多讀書筆記，致力探求武術之真諦。作者爲青縣迷蹤拳第七代掌門人之一。

　　1996 年 8 月青縣成立迷蹤拳協會時被推選爲協會主席。2001 年 9 月，在青縣迷蹤拳協會改建爲研究會時被推選爲會長。作者近幾年來傾心於對迷蹤拳的研究和整理。

大展出版社有限公司
品冠文化出版社
圖書目錄

地址：台北市北投區(石牌)　　　電話：(02)28236031
　　　致遠一路二段12巷1號　　　　　28236033
郵撥：01669551＜大展＞　　　　　　　28233123
　　　19346241＜品冠＞　　　　傳真：(02)28272069

·少年偵探· 品冠編號66

1.	怪盜二十面相	（精）	江戶川亂步著	特價 189元
2.	少年偵探團	（精）	江戶川亂步著	特價 189元
3.	妖怪博士	（精）	江戶川亂步著	特價 189元
4.	大金塊	（精）	江戶川亂步著	特價 230元
5.	青銅魔人	（精）	江戶川亂步著	特價 230元
6.	地底魔術王	（精）	江戶川亂步著	特價 230元
7.	透明怪人	（精）	江戶川亂步著	特價 230元
8.	怪人四十面相	（精）	江戶川亂步著	特價 230元
9.	宇宙怪人	（精）	江戶川亂步著	特價 230元
10.	恐怖的鐵塔王國	（精）	江戶川亂步著	特價 230元
11.	灰色巨人	（精）	江戶川亂步著	特價 230元
12.	海底魔術師	（精）	江戶川亂步著	特價 230元
13.	黃金豹	（精）	江戶川亂步著	特價 230元
14.	魔法博士	（精）	江戶川亂步著	特價 230元
15.	馬戲怪人	（精）	江戶川亂步著	特價 230元
16.	魔人銅鑼	（精）	江戶川亂步著	特價 230元
17.	魔法人偶	（精）	江戶川亂步著	特價 230元
18.	奇面城的秘密	（精）	江戶川亂步著	特價 230元
19.	夜光人	（精）	江戶川亂步著	特價 230元
20.	塔上的魔術師	（精）	江戶川亂步著	特價 230元
21.	鐵人Q	（精）	江戶川亂步著	特價 230元
22.	假面恐怖王	（精）	江戶川亂步著	特價 230元
23.	電人M	（精）	江戶川亂步著	特價 230元
24.	二十面相的詛咒	（精）	江戶川亂步著	特價 230元
25.	飛天二十面相	（精）	江戶川亂步著	特價 230元
26.	黃金怪獸	（精）	江戶川亂步著	特價 230元

·生活廣場· 品冠編號61

1.	366天誕生星	李芳黛譯	280元
2.	366天誕生花與誕生石	李芳黛譯	280元
3.	科學命相	淺野八郎著	220元
4.	已知的他界科學	陳蒼杰譯	220元

5.	開拓未來的他界科學	陳蒼杰譯	220 元
6.	世紀末變態心理犯罪檔案	沈永嘉譯	240 元
7.	366 天開運年鑑	林廷宇編著	230 元
8.	色彩學與你	野村順一著	230 元
9.	科學手相	淺野八郎著	230 元
10.	你也能成為戀愛高手	柯富陽編著	220 元
11.	血型與十二星座	許淑瑛編著	230 元
12.	動物測驗—人性現形	淺野八郎著	200 元
13.	愛情、幸福完全自測	淺野八郎著	200 元
14.	輕鬆攻佔女性	趙奕世編著	230 元
15.	解讀命運密碼	郭宗德著	200 元
16.	由客家了解亞洲	高木桂藏著	220 元

・女醫師系列・品冠編號 62

1.	子宮內膜症	國府田清子著	200 元
2.	子宮肌瘤	黑島淳子著	200 元
3.	上班女性的壓力症候群	池下育子著	200 元
4.	漏尿、尿失禁	中田真木著	200 元
5.	高齡生產	大鷹美子著	200 元
6.	子宮癌	上坊敏子著	200 元
7.	避孕	早乙女智子著	200 元
8.	不孕症	中村春根著	200 元
9.	生理痛與生理不順	堀口雅子著	200 元
10.	更年期	野末悅子著	200 元

・傳統民俗療法・品冠編號 63

1.	神奇刀療法	潘文雄著	200 元
2.	神奇拍打療法	安在峰著	200 元
3.	神奇拔罐療法	安在峰著	200 元
4.	神奇艾灸療法	安在峰著	200 元
5.	神奇貼敷療法	安在峰著	200 元
6.	神奇薰洗療法	安在峰著	200 元
7.	神奇耳穴療法	安在峰著	200 元
8.	神奇指針療法	安在峰著	200 元
9.	神奇藥酒療法	安在峰著	200 元
10.	神奇藥茶療法	安在峰著	200 元
11.	神奇推拿療法	張貴荷著	200 元
12.	神奇止痛療法	漆浩著	200 元

・常見病藥膳調養叢書・品冠編號 631

1.	脂肪肝四季飲食	蕭守貴著	200 元

2.	高血壓四季飲食	秦玖剛著	200元
3.	慢性腎炎四季飲食	魏從強著	200元
4.	高脂血症四季飲食	薛輝著	200元
5.	慢性胃炎四季飲食	馬秉祥著	200元
6.	糖尿病四季飲食	王耀獻著	200元
7.	癌症四季飲食	李忠著	200元
8.	痛風四季飲食	魯焰主編	200元
9.	肝炎四季飲食	王虹等著	200元
10.	肥胖症四季飲食	李偉等著	200元
11.	膽囊炎、膽石症四季飲食	謝春娥著	200元

・彩色圖解保健・品冠編號64

1.	瘦身	主婦之友社	300元
2.	腰痛	主婦之友社	300元
3.	肩膀痠痛	主婦之友社	300元
4.	腰、膝、腳的疼痛	主婦之友社	300元
5.	壓力、精神疲勞	主婦之友社	300元
6.	眼睛疲勞、視力減退	主婦之友社	300元

・心 想 事 成・品冠編號65

1.	魔法愛情點心	結城莫拉著	120元
2.	可愛手工飾品	結城莫拉著	120元
3.	可愛打扮 & 髮型	結城莫拉著	120元
4.	撲克牌算命	結城莫拉著	120元

・熱 門 新 知・品冠編號67

1.	圖解基因與 DNA	（精）	中原英臣 主編	230元
2.	圖解人體的神奇	（精）	米山公啟 主編	230元
3.	圖解腦與心的構造	（精）	永田和哉 主編	230元
4.	圖解科學的神奇	（精）	鳥海光弘 主編	230元
5.	圖解數學的神奇	（精）	柳 谷 晃 著	250元
6.	圖解基因操作	（精）	海老原充 主編	230元
7.	圖解後基因組	（精）	才園哲人 著	230元

・法律專欄連載・大展編號58

	台大法學院	法律學系／策劃	
		法律服務社／編著	
1.	別讓您的權利睡著了(1)		200元
2.	別讓您的權利睡著了(2)		200元

1. 陳式太極拳入門	馮志強編著	180 元
2. 武式太極拳	郝少如編著	200 元
3. 練功十八法入門	蕭京凌編著	120 元
4. 教門長拳	蕭京凌編著	150 元
5. 跆拳道	蕭京凌編譯	180 元
6. 正傳合氣道	程曉鈴譯	200 元
7. 圖解雙節棍	陳銘遠著	150 元
8. 格鬥空手道	鄭旭旭編著	200 元
9. 實用跆拳道	陳國榮編著	200 元
10. 武術初學指南	李文英、解守德編著	250 元
11. 泰國拳	陳國榮著	180 元
12. 中國式摔跤	黃 斌編著	180 元
13. 太極劍入門	李德印編著	180 元
14. 太極拳運動	運動司編	250 元
15. 太極拳譜	清・王宗岳等著	280 元
16. 散手初學	冷 峰編著	200 元
17. 南拳	朱瑞琪編著	180 元
18. 吳式太極劍	王培生著	200 元
19. 太極拳健身與技擊	王培生著	250 元
20. 秘傳武當八卦掌	狄兆龍著	250 元
21. 太極拳論譚	沈 壽著	250 元
22. 陳式太極拳技擊法	馬 虹著	250 元
23. 三十四式太極拳劍	闞桂香著	180 元
24. 楊式秘傳 129 式太極長拳	張楚全著	280 元
25. 楊式太極拳架詳解	林炳堯著	280 元
26. 華佗五禽劍	劉時榮著	180 元
27. 太極拳基礎講座：基本功與簡化 24 式	李德印著	250 元
28. 武式太極拳精華	薛乃印著	200 元
29. 陳式太極拳拳理闡微	馬 虹著	350 元
30. 陳式太極拳體用全書	馬 虹著	400 元
31. 張三豐太極拳	陳占奎著	200 元
32. 中國太極推手	張 山主編	300 元
33. 48 式太極拳入門	門惠豐編著	220 元
34. 太極拳奇人奇功	嚴翰秀編著	250 元
35. 心意門秘籍	李新民編著	220 元
36. 三才門乾坤戊己功	王培生編著	220 元
37. 武式太極劍精華 +VCD	薛乃印編著	350 元
38. 楊式太極拳	傅鐘文演述	200 元
39. 陳式太極拳、劍 36 式	闞桂香編著	250 元
40. 正宗武式太極拳	薛乃印著	220 元
41. 杜元化＜太極拳正宗＞考析	王海洲等著	300 元

42. <珍貴版>陳式太極拳	沈家楨著	280 元
43. 24 式太極拳＋VCD	中國國家體育總局著	350 元
44. 太極推手絕技	安在峰編著	250 元
45. 孫祿堂武學錄	孫祿堂著	300 元
46. <珍貴本>陳式太極拳精選	馮志強著	280 元
47. 武當趙堡太極拳小架	鄭悟清傳授	250 元
48. 太極拳習練知識問答	邱丕相主編	220 元
49. 八法拳 八法槍	武世俊著	220 元
50. 地趟拳＋VCD	張憲政著	350 元
51. 四十八式太極拳＋VCD	楊 靜演示	400 元
52. 三十二式太極劍＋VCD	楊 靜演示	300 元
53. 隨曲就伸 中國太極拳名家對話錄	余功保著	300 元
54. 陳式太極拳五功八法十三勢	鬮桂香著	200 元
55. 六合螳螂拳	劉敬儒等著	280 元
56. 古本新探華佗五禽戲	劉時榮著	180 元
57. 陳式太極拳養生功＋VCD	陳正雷著	350 元
58. 中國循經太極拳二十四式	李兆生著	280 元
59. <珍貴本>太極拳研究	唐豪・顧留馨著	250 元
60. 中國跆拳道實戰 100 例	岳維傳著	220 元

・彩色圖解太極武術・ 大展編號 102

1. 太極功夫扇	李德印編著	220 元
2. 武當太極劍	李德印編著	220 元
3. 楊式太極劍	李德印編著	220 元
4. 楊式太極刀	王志遠著	220 元
5. 二十四式太極拳(楊式)＋VCD	李德印編著	350 元
6. 三十二式太極劍(楊式)＋VCD	李德印編著	350 元
7. 四十二式太極劍＋VCD	李德印編著	350 元
8. 四十二式太極拳＋VCD	李德印編著	350 元
9. 16 式太極拳 18 式太極劍＋VCD	崔仲三著	350 元
10. 楊氏 28 式太極拳＋VCD	趙幼斌著	350 元

・國際武術競賽套路・ 大展編號 103

1. 長拳	李巧玲執筆	220 元
2. 劍術	程慧琨執筆	220 元
3. 刀術	劉同為執筆	220 元
4. 槍術	張躍寧執筆	220 元
5. 棍術	殷玉柱執筆	220 元

・簡化太極拳・ 大展編號 104

1. 陳式太極拳十三式	陳正雷編著	200 元

2.	楊式太極拳十三式	楊振鐸編著	200 元
3.	吳式太極拳十三式	李秉慈編著	200 元
4.	武式太極拳十三式	喬松茂編著	200 元
5.	孫式太極拳十三式	孫劍雲編著	200 元
6.	趙堡式太極拳十三式	王海洲編著	200 元

・中國當代太極拳名家名著・大展編號 106

1.	太極拳規範教程	李德印著	550 元
2.	吳式太極拳詮真	王培生著	500 元
3.	武式太極拳詮真	喬松茂著	420 元

・名師出高徒・大展編號 111

1.	武術基本功與基本動作	劉玉萍編著	200 元
2.	長拳入門與精進	吳彬等著	220 元
3.	劍術刀術入門與精進	楊柏龍等著	220 元
4.	棍術、槍術入門與精進	邱丕相編著	220 元
5.	南拳入門與精進	朱瑞琪編著	220 元
6.	散手入門與精進	張山等著	220 元
7.	太極拳入門與精進	李德印編著	280 元
8.	太極推手入門與精進	田金龍編著	220 元

・實用武術技擊・大展編號 112

1.	實用自衛拳法	溫佐惠著	250 元
2.	搏擊術精選	陳清山等著	220 元
3.	秘傳防身絕技	程崑彬著	230 元
4.	振藩截拳道入門	陳琦平著	220 元
5.	實用擒拿法	韓建中著	220 元
6.	擒拿反擒拿 88 法	韓建中著	250 元
7.	武當秘門技擊術入門篇	高翔著	250 元
8.	武當秘門技擊術絕技篇	高翔著	250 元

・中國武術規定套路・大展編號 113

1.	螳螂拳	中國武術系列	300 元
2.	劈掛拳	規定套路編寫組	300 元
3.	八極拳	國家體育總局	250 元
4.	木蘭拳	國家體育總局	230 元

・中華傳統武術・大展編號 114

1.	中華古今兵械圖考	裴錫榮主編	280 元

2. 武當劍　　　　　　　　　　　　陳湘陵編著　200 元
3. 梁派八卦掌（老八掌）　　　　　李子鳴遺著　220 元
4. 少林 72 藝與武當 36 功　　　　　裴錫榮主編　230 元
5. 三十六把擒拿　　　　　　　佐藤金兵衛主編　200 元
6. 武當太極拳與盤手 20 法　　　　裴錫榮主編　220 元

・少 林 功 夫・大展編號 115

1. 少林打擂秘訣　　　　　　　　德虔、素法編著　300 元
2. 少林三大名拳 炮拳、大洪拳、六合拳　門惠豐等著　200 元
3. 少林三絕 氣功、點穴、擒拿　　　德虔編著　300 元
4. 少林怪兵器秘傳　　　　　　　　素法等著　250 元
5. 少林護身暗器秘傳　　　　　　　素法等著　220 元
6. 少林金剛硬氣功　　　　　　　　楊維編著　250 元
7. 少林棍法大全　　　　　　　德虔、素法編著　250 元
8. 少林看家拳　　　　　　　　德虔、素法編著　250 元
9. 少林正宗七十二藝　　　　　德虔、素法編著　280 元
10. 少林瘋魔棍闡宗　　　　　　　　馬德著　250 元
11. 少林正宗太祖拳法　　　　　　　高翔著　280 元

・原地太極拳系列・大展編號 11

1. 原地綜合太極拳 24 式　　　　　胡啟賢創編　220 元
2. 原地活步太極拳 42 式　　　　　胡啟賢創編　200 元
3. 原地簡化太極拳 24 式　　　　　胡啟賢創編　200 元
4. 原地太極拳 12 式　　　　　　　胡啟賢創編　200 元
5. 原地青少年太極拳 22 式　　　　胡啟賢創編　220 元

・道 學 文 化・大展編號 12

1. 道在養生：道教長壽術　　　　　郝勤等著　250 元
2. 龍虎丹道：道教內丹術　　　　　　郝勤著　300 元
3. 天上人間：道教神仙譜系　　　　黃德海著　250 元
4. 步罡踏斗：道教祭禮儀典　　　　張澤洪著　250 元
5. 道醫窺秘：道教醫學康復術　　　王慶餘等著　250 元
6. 勸善成仙：道教生命倫理　　　　　李剛著　250 元
7. 洞天福地：道教宮觀勝境　　　　沙銘壽著　250 元
8. 青詞碧簫：道教文學藝術　　　　楊光文等著　250 元
9. 沈博絕麗：道教格言精粹　　　　朱耕發等著　250 元

・易 學 智 慧・大展編號 122

1. 易學與管理　　　　　　　　　余敦康主編　250 元
2. 易學與養生　　　　　　　　　劉長林等著　300 元

7

・婦 幼 天 地・ 大展編號 16

・青 春 天 地・ 大展編號 17

國家圖書館出版品預行編目資料

迷蹤拳（二）＋VCD／李玉川　劉俊琦編著
——初版，——臺北市，大展，2004 年〔民 93〕
面；21 公分，——（迷蹤拳系列；2）
ISBN 957-468-308-7 （平裝；附影音光碟）
1. 拳術—中國
528.97　　　　　　　　　　　　　　93000810

北京人民體育出版社授權中文繁體字版

迷 蹤 拳（二）＋VCD

ISBN 957-468-308-7

著　　者／李 玉 川　劉 俊 琦
責任編輯／鄭 小 鋒　新　硯
發 行 人／蔡 森 明
出 版 者／大展出版社有限公司
社　　址／台北市北投區（石牌）致遠一路 2 段 12 巷 1 號
電　　話／（02）28236031・28236033・28233123
傳　　眞／（02）28272069
郵政劃撥／01669551
網　　址／www.dah-jaan.com.tw
E－mail／service@dah-jaan.com.tw
登 記 證／局版臺業字第 2171 號
承 印 者／高星印刷品行
裝　　訂／協億印製廠股份有限公司
排 版 者／弘益電腦排版有限公司
初版 1 刷／2004 年（民 93 年）7 月

定價／350 元